禪에서 본 般若心經

【大顚和尙注心經】

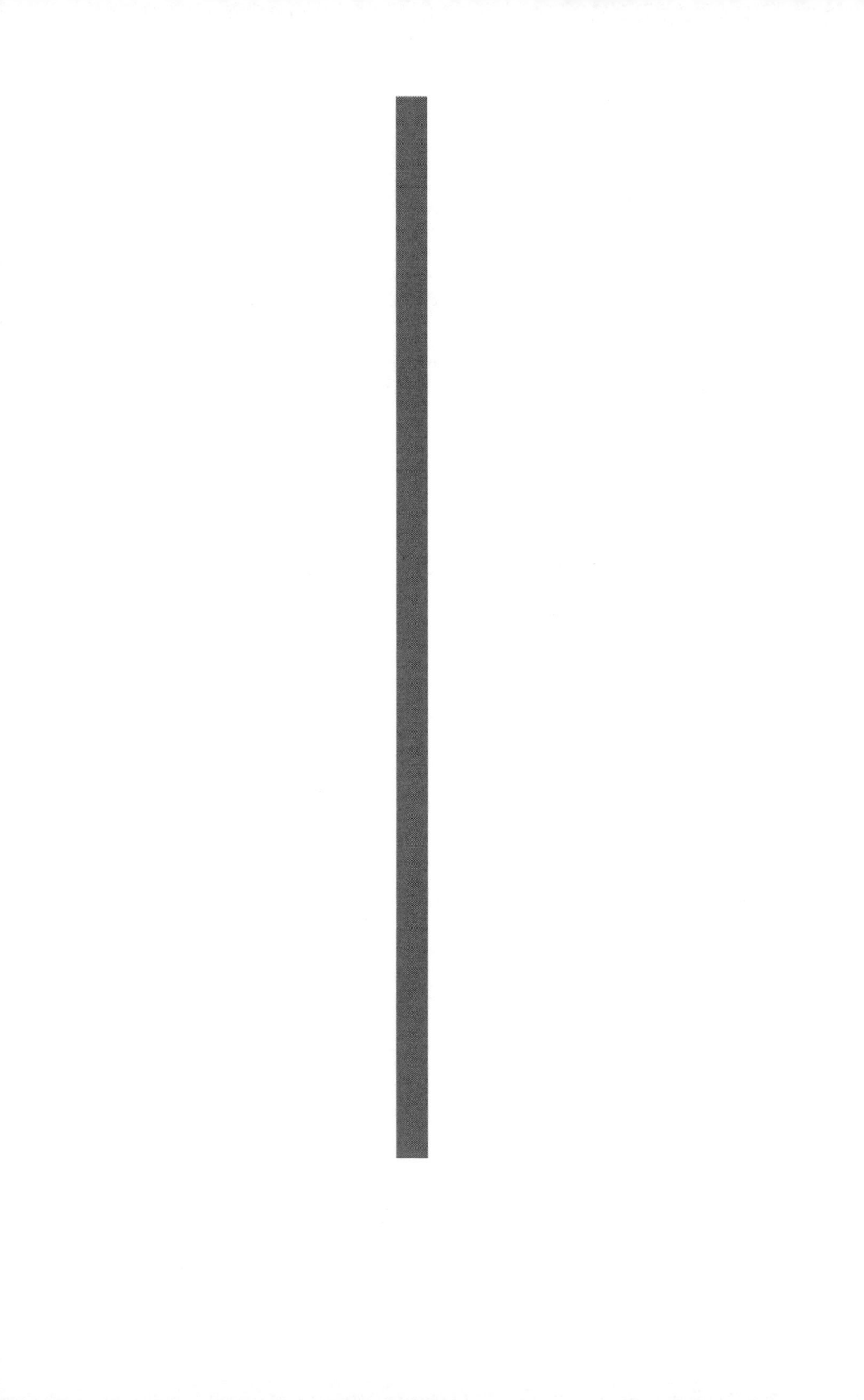

禪에서 본 般若心經

【大顚和尙注心經】

玄鋒 옮김

불광출판사

개정판을 내면서

『대전화상주심경大顚和尙注心經』을 처음 구해 본 것이 1981년이었다. 이 대전大顚 화상의 반야심경 주해는 『만·속장경卍·續藏經』 제42책에 「청·대전조사주해淸·大顚祖師註解」라는 이름으로 실려 있다. 거기에는 대전 화상을 청나라 때의 인물로 잘못 표기하고 있으며 내용도 몇 부분만 산발적으로 싣고 있는 것을 확인하게 되었다. 그래서 만속장경을 발행하고 있는 대만의 신문풍출판공사新文豊出版公社에 영인본 2권을 보내면서 대전 화상에 대한 자료를 문의하였더니, 신문풍출판공사에서는 자신들도 확실한 자료가 없어 알 수가 없다고 하면서 다음에 만속장경을 간행할 때에는 보내준 영인본으로 증보增補하겠다는 회신을 보내왔다. 근래에 그곳에서 『대전화상주심경』을 단행본으로 출판해서 유통하는 것을 알고 보람을 느꼈다. 그 뒤 동국대학교의 희귀도서목록 속에 포함되어 있는 것을 알게 되어 서로 대조해 보니 같은 문수사 판이었다. 그리고 근년에 장흥 보림사의 사천왕상四天王像을 보수하면서 나온 복장품腹藏品 가운데 같은 책이 몇 권 발견되어 중요문화재로 등록되었다.

『대전화상주심경』을 만났던 것을 생각하면 참 희유한 인연이었다. 혼자 그 책을 보면서도 어찌나 좋던지 당시에 원고지 쓰는 법도 몰라 그냥 백지에 공부 삼아 대강 정리하여 풀어놓았었는데, 김천 수도암에서 지낼 무렵 누가 이것을 보고는 법공양 판을 내자고 조르면서 부추기는 바람에 무모하게 출판에 동의하고 말았다.

그 전에 전문적으로 불서佛書를 번역하는 분이 이 책의 번역본을 낸다는 이야기를 듣고는 반가운 생각이 들어 출판에 혹시 도움이 될까 하여 모아 놓았던 자료를 그분께 몽땅 드리겠다고 전했더니, 사양한다기에 머쓱한 기분이 들었던 기억도 남아 있다. 그래서 묘하게도 그때 『대전화상주심경』이 동시에 두 곳에서 각기 다른 이름으로 번역, 출판되었던 것이다.

처음에는 『대전화상주심경』이라는 원래 제목대로 출판하였다가 다시 『선禪에서 본 반야심경』이라는 이름으로 바뀌었다. 그리고 출판사의 사정 등으로 절판되었다가도 찾는 사람들이 더러 있기에 몇 번 출판사를 옮기면서 다시 펴는 우여곡절을 겪기도 하였다.

이번에는 불광출판사에서 교섭이 왔기에 망설이다가 또 끌려가듯이 내게 되었다. 무엇이든 우리가 바라보는 입장에 따라 견해나 전달하는 표현이 달라지게 마련이다. 그 동안 마음에 들지 않던 몇 곳을 수정해 보았으나 아직도 성에 차지 않기는 마찬가지이다. 혹 석연치 않은 부분이 있다면 현명하신 독자들 스스로 해명할 몫으로 넘기면서, 지금도 무모한 짓을 한다는 생각이 들 뿐이다.

2008년 가을
옮긴이 씀

옮긴이의 말

 몇 년 전 봄에 장흥長興의 탐진강耽津江 가에 있는 용호정龍胡亭에서 팔순이 넘은 어느 노유老儒를 만나, 처음으로 이 『대전화상주심경大顚和尙注心經』을 얻어 보게 되었다.
 그분이 말하기를 "6·25전란이 끝난 이듬해 어느 행상이 찾아와서 몇 권의 묵은 책을 내놓으며 '전화戰禍로 폐허가 되어버린 보림사寶林寺의 부서진 불상에서 나온 책인데 사랑방의 벽지壁紙나 될까 하여 팔러 다닌다.'고 하기에 아까운 생각이 들어 쌀 한 되를 주고 이 책을 구해 두었던 것"이라 했다. 그러나 불가佛家의 글이라서 좀체 이해가 되지 않아 그냥 책 궤짝 속에 보관하고 있었는데, 이것을 한번 읽어보라고 하면서 나에게 건네어 주었다. 오랜 연륜 탓인지 서슬이 닳아지고 몇 자는 좀이 슬긴 했으나 거의 완전하였으며 내용을 읽어보니 참으로 얻기 어려운 보배를 만난 듯하였다.

그 책의 발문跋文을 보니 영락永樂 신묘년辛卯年 : 1411년 조선 태종 11년 고창현高敞縣 : 오늘날의 전북 고창군 문수사文殊寺에서 공선空禪이라는 스님과 몇몇 동참인同參人들이 발원發願하여, 『화엄경』의 「보현행원품」과 야보 도천冶父道川 선사의 『금강경』 주해와 대전大顚 선사의 『반야심경』 주해를 중간한다고 하였다.

그 해壬戌 겨울에 당시 송광사 조계총림曹溪叢林 방장方丈이시던 구산九山 큰스님께 이를 뵈어 드렸더니 "참으로 희유稀有한 주해서注解書다." 하시면서 "이를 영인影印하여 널리 법공양法供養하도록 하라." 하시기에 큰스님께 중간서重刊序를 청하여 이듬해癸亥 정초正初에 이를 영인하여 제방諸方에 유포하였다.

이 책의 저자著者인 대전 요통大顚了通 선사에 대한 정확한 문헌은 역자譯者의 과문寡聞 탓인지 아직 보지 못하였다. 그러나 추측컨대 중국 송宋나라 때의 조동종曹洞宗 계통인 보봉 유조寶峰惟照 선사의 법을 이은 선사 가운데 가흥부嘉興府 보은報恩의 대전 통大顚通 선사가 있으니 그분이 아닌가 생각된다.

그분의 법계法系는 다음과 같다.

…동산 양개洞山良介→운거 도응雲居道膺→동안 도비同安道丕→동안 근지同安勤志→양산 연관梁山緣觀→대양 경현大陽警玄→투자 의청投子義靑→부용 도계芙蓉道楷→단하 자순丹霞子淳(?~1119)→천동 정각天童正覺(1091~1157)→보봉 유조寶峰惟照(1084~1128)→대전 요통大顚了通

『가태보등록嘉泰普燈錄』 등에 행적行蹟이나 기연어구機緣語句가 없이 이름만 실려 있을 뿐이나, 인명人名이 동일하고 주해의 내용이 선가禪家적인 해석이며, 선종 가운데에서도 여러 선사들의 말씀을 두루 인용하긴 하였으나 조동종 계통 선사의 말씀이 비교적 많은 편이며, 인용된 어구語句 가운데 가장 연대가 늦은 것이 단하 자순丹霞子淳 선사(?~1119)의 게송과 보봉 유조寶峰惟照 선사(1084~1128)의 게송 구절이며, 영락永樂 신묘년辛卯年 : 1411년에 조선에서 이미 중간(重刊)된 점 등이 이를 뒷받침하여 준다. 그러니 이 『반야심경』의 주해서는 1150년경에 저술된 것이 아닌가 생각된다.

대전 선사는 송宋대의 선사들이 거의 그러하듯 화엄華嚴의 원융사상圓融思想에도 많은 영향을 받은 듯하며, 이 주해서 가운데 화엄華嚴·법화法華·열반涅槃·유마維摩·능엄楞嚴·반야般若 등의 경전과 서천西天이나 중국의 여러 선사들의 말씀을 두루 인용한 것을 보면 선사이면서도 교학教學에 널리 통달하였던 분임을 알 수 있고 나아가 노·장老·莊의 글을 이끌어 쓰고 논어論語의 말을 뽑아 쓰는 것을 보면 도道와 유儒의 학문도 두루 섭렵涉獵하였음을 짐작할 수가 있다.

『반야심경』은 너무나 잘 알려진 경이다. 그 문장이 간결하고도 오묘하여 팔만장경八萬藏經의 뜻을 함축하고 있는 만큼 그 해석도 사가師家의 견해에 따라 제각기 다른 맛을 내게 마련이다.

이 주해서는 경의 제목 10자字와 본문 260자字를 모두 63절節로 나누어 주해하였다. 그러나 술어를 풀이하여 전문全文과 연결시키면서 구조적構造的으로 이해시키려는 사전적辭典的이고 교학적教學的인 주해가 아니라 선사禪師 스스로 체험한 반야를 『반야심경』의 구절마다 그대로 전부 드러내 보이는 직설적直說的이고 선적禪的인 주해라는 점이 특이하다.

이 주해서를 중간重刊하던 해1411년는 조선이 건국된 지 얼마 되지 않은 시기다. 그 때에 국태민안國泰民安과 일체 중생이 다 같이 교화教化에 젖기를 발원하여 『화엄경』의 정수인 「보현행원품」과 금강경 주해 가운데 으뜸으로 꼽히는 야보 도천冶父道川 선사의 주해金剛般若川老解와 함께 대전大顚 화상의 반야심경 주해大顚和尙注心經를 중간한다고 하였다. 당시에 이미 수십 종의 『반야심경』 주해서가 있었는데 그 가운데 서도 대전 화상의 주해를 간행한 것은 이 주해가 백미白眉로 평가받고 있었음을 짐작할 수 있다.

　　오늘의 문명사회는 끝없이 새로운 것을 추구하면서 갈수록 그 양상이 다원화되고 변화는 가속화되어 간다. 이리하여 우리는 잠재된 무한한 가능성을 개발하며 온갖 편리와 풍요를 얻게 되었다. 그러나 밖을 향해 다른 것을 추구할수록 자신의 내면을 향해 정관靜觀하는 성찰省察이 필요하고, 변화가 심할수록 불변하는 고정적固定的인 힘이 강해져야 하며, 양상이 새로워지고 다원화될수록 근원적이고도 통일적인 본래의 참모습實相을 뚜렷이 밝히지 않으면 안 된다. 통일적이고 고정적인 구심점이 약한 채로 질량과 속도가 늘어나면 역학적인 관계에서도 불균형이 심해지기 마련이다.

　　우리가 물질문명의 풍요 안에서도 빈곤함을 느끼고 갖가지 사상의 범람 속에서도 갈증이 멎지 않으며 급변하는 가운데서도 지루함을 느끼는 것은 자신의 눈을 바깥으로 향해 굴리고 있기 때문이다.

　　이 『주심경注心經』은 800여 년 전에 저술된 『반야심경』의 주해서이지만, 오늘날 밖을 향해 분주히 헤매는 우리들의 눈을 자신의 내면을 향해 주시하도록 하여 우리들의 삶이 본래 아무것도 없는 그 가운데서 모든 것이 넉넉하게 됨을 일깨워주는 금언집金言集이 될 것이다.

　　이 『주심경注心經』을 옮기어 남에게 보인다는 것이 비탈 밭이나 가꾸면서 살아가는 산골의 납자衲子에게는 분외分外의 일인 줄 알지만

이 책을 만났던 희유한 인연을 생각하고, 주해의 끝부분에 '이 주해서를 만나보고 기뻐하는 사람은 이를 간행하여 널리 베풀어서 부처님의 혜명慧命을 잇도록 하라.' 하신 뜻을 저버리지 않기 위해 이를 다시 정리해본 것이다.

옮긴이의 좁고 얕은 소견으로 대전 선사의 본뜻을 그르치지나 않았는지 크게 저어할 뿐이다.

그리고 마지막에 고창 문수사에서 중간할 때의 발문跋文을 함께 옮겨 실은 것은 그것이 바로 이 책을 만나는 우리들 모두의 염원이기도 한 때문이다.

병인(1986년) 가을
옮긴이

일러두기

一. 이 책의 원제原題는 『대전화상주심경大顚和尙注心經』이며, 고창 문수사 판본(1411년 중간본)을 대본으로 삼았다.

二. 반야심경의 전문全文을 우리말 번역과 함께 앞부분에 실었다.

三. 각 편마다 원문을 함께 볼 수 있도록 원문과 한글 음을 함께 실었으나 토吐는 달지 않고 띄어쓰기만 하여 번역문 뒤에 실었다.

四. 인물이나 어려운 술어, 출처가 있는 말들은 읽는 이들에게 도움을 주기 위해 자세한 역주를 달았다.

五. 말과 글이나 사량 분별로써는 미칠 수 없는 격외선格外禪 도리에 가까운 말들은 스스로 참구하여야 할 것이기에 해석하지 않았다.

六. 원문에 어긋나지 않는 범위에서 뜻 번역을 하였고 게송으로 된 것은 게송체 [4(3)-4(3) 또는 4(3)-4-5]로 옮겼다.

七. 원문(문수사 중간본)의 오자誤字로 생각되는 부분은 출처와 문맥을 참고하여 정정하고 현재 유통되고 있는 송광사 영인본의 영인과정에서 오식誤植도 원본과 대조하여 정정하였으며, 정정한 부분은 반드시 역주에 밝혀 두었다.

八. 문수사文殊寺에서 중간重刊할 때의 발문跋文도 뒤에 옮겨 실었다.

九. 책 끝에 〈찾아보기〉를 붙여 본문이나 역주에서 중요한 것을 찾는 데 도움이 되게 하였다.

摩訶般若波羅蜜多心經

마하반야바라밀다심경

觀自在菩薩 行深般若波羅蜜多時 照見五蘊皆空 度一切苦厄. 舍利子 色
관자재보살 행심반야바라밀다시 조견오온개공 도일체고액 사리자 색
不異空 空不異色 色卽是空 空卽是色 受想行識 亦復如是. 舍利子 是諸法
불이공 공불이색 색즉시공 공즉시색 수상행식 역부여시 사리자 시제법
空相 不生不滅 不垢不淨 不增不減 是故 空中無色 無受想行識 無眼耳鼻
공상 불생불멸 불구부정 부증불감 시고 공중무색 무수상행식 무안이비
舌身意 無色聲香味觸法 無眼界 乃至無意識界 無無明 亦無無明盡 乃至
설신의 무색성향미촉법 무안계 내지무의식계 무무명 역무무명진 내지
無老死 亦無老死盡 無苦集滅道 無智亦無得. 以無所得故 菩提薩埵 依般
무노사 역무노사진 무고집멸도 무지역무득 이무소득고 보리살타 의반
若波羅蜜多故 心無罣礙 無罣礙故 無有恐怖 遠離顚倒夢想 究竟涅槃. 三
야바라밀다고 심무가애 무가애고 무유공포 원리전도몽상 구경열반 삼

世諸佛 依般若波羅蜜多故 得阿耨多羅三藐三菩提. 故知般若波羅蜜多 是
세제불 의반야바라밀다고 득아뇩다라삼먁삼보리 고지반야바라밀다 시
大神呪 是大明呪 是無上呪 是無等等呪 能除 一切苦 眞實不虛 故說般若
대신주 시대명주 시무상주 시무등등주 능제일체고 진실불허 고설반야
波羅蜜多呪. 卽說呪曰 揭諦揭諦 波羅揭諦 波羅僧揭諦 菩提薩婆訶.
바라밀다주 즉설주왈 아제아제 바라아제 바라승아제 모제사바하

관자재보살이 깊은 반야바라밀다를 수행할 때에 오온이 다 공空함을 비추어 보고 모든 괴로움을 벗어났느니라.

사리자여! 색色이 공空과 다르지 않고 공이 색과 다르지 않으니 색이 바로 공이요 공이 바로 색이며, 수受·상想·행行·식識도 또한 이와 같으니라.

사리자여! 이 모든 법法은 공의 모양이니 생기지도 않고 없어지지도 않으며 더럽지도 않고 깨끗하지도 않으며 늘어나지도 않고 줄어들지도 않느니라.

이러므로 공에는 색이 없고 수·상·행·식도 없으며, 안眼·이耳·비鼻·설舌·신身·의意도 없고 색色·성聲·향香·미味·촉觸·법法도 없으며, 안계眼界도 없고 의식계意識界도 없으며, 무명無明도 없고 무명이 다함도 없으며, 늙고 죽음도 없고 늙고 죽음이 다함도 없으며, 고苦·집集·멸滅·도道도 없고 지혜도 없으며 또한 얻음마저도 없느니라.

얻을 바가 없으므로 보리살타는 반야바라밀다에 의하여 마음에 걸림이 없어지고 걸림이 없으므로 두려움이 없고 뒤바뀐 생각을 멀리

여의게 되어 마침내 열반에 이르게 되며, 삼세의 모든 부처님도 반야바라밀다에 의하여 최상의 깨달음을 얻느니라.

그러므로 알아라. 반야바라밀다는 크게 신통한 주呪이며 가장 밝은 주이며 더없이 높은 주이며 견줄 수 없는 주이며 능히 모든 괴로움을 없애니 이는 진실하여 거짓이 아니니라. 그래서 반야바라밀다주를 말하노라.

(주를 말해 이르시되)

아제아제 바라아제 바라승아제 모제 사바하.

차례

개정판을 내면서		004
옮긴이의 말		007
일러두기		013
마하반야바라밀다심경		014
대전선사주심경중간서		021

마하반야바라밀다심경해서 026

一	마하	摩訶	032
二	반야	般若	044
三	바라	波羅	053
四	밀다	蜜多	057
五	심	心	060
六	경	經	068
七	관자재보살	觀自在菩薩	073
八	행	行	077
九	심	深	084
十	반야	般若	088
十一	바라	波羅	092
十二	밀다	蜜多	096
十三	시	時	100

十四	조견 오온개공	照見五蘊皆空	102
十五	도일체고액	度一切苦厄	111
十六	사리자	舍利子	114
十七	색불이공	色不異空	118
十八	공불이색	空不異色	122
十九	색즉시공	色卽是空	125
二十	공즉시색	空卽是色	130
二十一	수상행식	受想行識	134
二十二	역부여시	亦復如是	139
二十三	사리자	舍利子	142
二十四	시제법공상	是諸法空相	144
二十五	불생불멸	不生不滅	147
二十六	불구부정	不垢不淨	150
二十七	부증불감	不增不減	152
二十八	시고공중	是故空中	154
二十九	무색무수상행식	無色無受想行識	157
三十	무안이비설신의	無眼耳鼻舌身意	159
三十一	무색성향미촉법	無色聲香味觸法	165
三十二	무안계내지무의식계	無眼界乃至無意識界	169
三十三	무무명	無無明	172
三十四	역무무명진	亦無無明盡	178
三十五	내지무노사	乃至無老死	183
三十六	역무노사진	亦無老死盡	188
三十七	무고집멸도	無苦集滅道	192
三十八	무지역무득	無智亦無得	197
三十九	이무소득고	以無所得故	201
四十	보리살타	菩提薩埵	209

四十一	의반야바라밀다고	依般若波羅蜜多故	213
四十二	심무가애	心無罣礙	217
四十三	무가애	無罣礙	223
四十四	고	故	226
四十五	무유공포	無有恐怖	228
四十六	원리전도몽상	遠離顚倒夢想	231
四十七	구경열반	究竟涅槃	237
四十八	삼세제불	三世諸佛	241
四十九	의반야바라밀다고	依般若波羅蜜多故	245
五十	득아뇩다라삼먁삼보리	得阿耨多羅三藐三菩提	251
五十一	고지반야바라밀다	故知般若波羅蜜多	254
五十二	시대신주	是大神呪	260
五十三	시대명주	是大明呪	264
五十四	시무상주	是無上呪	266
五十五	시무등등주	是無等等呪	268
五十六	능제일체고	能除一切苦	270
五十七	진실불허	眞實不虛	274
五十八	고설반야바라밀다주	故說般若波羅蜜多呪	278
五十九	즉설주왈	卽說呪曰	281
六十	아제아제	揭諦揭諦	283
六十一	바라아제	波羅揭諦	285
六十二	바라승아제	波羅僧揭諦	286
六十三	모제사바하	菩提薩婆訶	288

대전화상주심경 중간 발	大顚和尙注心經 重刊跋	291

찾아보기	293

020 ◀

大顚禪師注心經重刊序

대전선사주심경중간서

심경心經이란 것은 하늘과 땅이 나누어지기 전에 온 법계法界에 충만한 진리며 모든 부처님이 나오시기 전에 이미 일체 중생들에게 갖추어져 있는 본래의 성품이다.

이 마음을 깨달으면 바로 부처요, 이 마음을 미혹하면 그대로 중생이다. 미혹하고 깨달음의 차이는 있지만 그것이 마음인 것은 다름이 없으니 마음이 바로 부처며 부처가 곧 마음이다. 그러므로 경에 말씀하시되 "마음과 부처와 중생 이 셋은 차별이 없다."고 하시고, 또 이르시되 "중생들이 중생이라 할 뿐이요, 부처는 중생을 말하지 않는다."고 하신 것이다.

이 근래에 본분本分을 참구하는 납자衲子들이 일승一乘을 통달하지 못하고 방편에만 떨어져서 갖가지 구업口業으로 옛 스님들을 헐뜯기 일쑤이니 그것을 딱하게 여기지 않을 수 없으며, 또한 많은 수행자들이 법복을 입고서도 깨달음을 등지고 세속에 영합하여 한갓 이양利養에만 뜻을 두어 인과를 무시하고 종횡으로 법도가 없으며, 동서양의 구도자들이 간절한 마음이 충만하여 바른 길을 가고자 하지만 그 옳고 그름을 제대로 가리지 못하여 그 진수를 잃고 현묘한 말씀을 듣지 못하여 허다히 방황하니, 도道를 구하려던 간절한 본래의 뜻을 돌이켜 생각해보면 참으로 안타까운 일이로다.

　이 심경은 부처님께서 설하신 오시교五時敎 가운데 한결같이 말씀하신 반야般若이니 육백 부六百 部나 되는 반야경전 가운데 가장 간결하고도 가장 정요精要한 것이며, 팔만대장경도 알고 보면 이 마음心 한 글자를 이리저리 말씀하신 보장寶藏일 뿐이다.

　대전 선사의 『반야심경』 주해는 구절구절이 모두 금옥金玉과 같아서 후학들에게 바른 길을 직접 가리킨 것이니, 어리석어 바른 길을 잃은 자에게는 표장標章이 되고, 비록 도행道行이 있더라도 마음 속에 삿된 소견이 들어있는 자에게는 영약靈藥이 되며, 어둠속에 길 잃은 자에게는 밝은 등불이 되고, 문 밖에서 헤매는 사람에게는 표본이 되는 주석이며, 바른 눈을 얻지 못한 자에게는 표준이 되는 안목이다.

바라노니 모든 대덕大德들이여! 정법문중正法門中에서 길을 잘못 들지 말고 지극히 깊고 깊은 미묘한 법을 간절한 마음으로 몸소 통달하여 부처와 조사를 뛰어 넘을지어다. 그러면 얻어도 얻은 바가 없고 깨달아도 깨달은 바가 없게 되어 부처와 중생이 평등하여 둘이 아니며 생사와 열반이 언제나 맑은 물처럼 고요하여 이 사바세계가 그대로 극락세계인 것이다.

바다를 건널 때는 배를 타지만 뭍에 오르고 나면 배를 버리게 된다. 범부를 돌이켜서 성인을 이루어 중생들을 널리 이롭게 하면 위로는 은혜라 할 수 없는 은혜를 갚고 아래로는 중생이라 할 수 없는 중생들을 제도하며 마음대로 소요하면서 인연 따라 오고 감에 자재로울 것이니, 참으로 이것이 격식을 뛰어넘은 대장부의 일이 아니겠는가!

게송으로 말하리라.

조계의 한 길에는 문이 활짝 열렸으니
부처와 중생들이 마음대로 오고 가네.
대구의 능금은 배고플 때 더 맛나고
제주의 밀감은 목마를 때 더욱 좋네.

　　　　　　　불기 2527년 계해(1983년) 정월 보름날
　　　　　　　조계총림 방장 구산 쓰다.

大抵心經者는 天地未分前에 充滿法界底眞理요 諸佛未生前에 已俱一
대저심경자 천지미분전   충만법계저진리   제불미생전   이구일

切衆生底本性이니 覺卽佛陀요 迷卽衆生이라 迷悟有差나 心之一字는
체중생저본성   각즉불타 미즉중생   미오유차 심지일자

無異하니 心卽是佛이요 佛卽是心이라. 故로 經云 心佛及衆生이 是三
무이   심즉시불   불즉시심   고 경운 심불급중생 시삼

無差別이라 하고 又云 衆生衆生이요 佛不說衆生이라하니라. 近世에
무차별   우운 중생중생   불불설중생   근세

本分衲子等이 不達一乘하고 墮落階梯하야 多種口業으로 務毁先師하
본분납자등 부달일승   타락계제   다종구업   무훼선사

니 愍其所以로다. 又許多行客이 着用法服하고 背覺合塵하야 區區於
  민기소이   우허다행객 착용법복   배각합진   구구어

利養하며 撥無因果하고 縱橫無制하며 又 東西求道者가 切心充滿하야
이양   발무인과   종횡무제   우 동서구도자 절심충만

欲行正路나 未辨邪正하고 失其眞髓하며 未聞玄談하고 許多彷徨하니
욕행정로 미변사정   실기진수   미문현담   허다방황

回考本志컨댄 甚可憫恤이로다. 這箇心經은 如來五時敎中에 一味談般
회고본지   심가민휼   저개심경   여래오시교중 일미담반

若시니 六百部般若中의 最簡最要며 八萬藏經도 心之一字를 橫說竪說
야   육백부반야중   최간최요 팔만장경 심지일자 횡설수설

底寶藏이로다. 大顚禪師註解는 字字句句가 盡是金玉이라. 令諸後學에
저보장   대전선사주해   자자구구   진시금옥   영제후학

直指正路하니 於癡暗失道者에 標章이며 雖有道行이나 魔入心府者에
직지정로   어치암실도자 표장   수유도행   마입심부자

靈藥이며 於沈暗失路者에 明燈이며 於門外彷徨者에 標註요 於不得正
영약   어침암실로자 명등   어문외방황자 표주 어부득정

眼者에 標目이니라. 願諸大德은 正法門中에 不得錯路하고 甚深妙法을
안자   표목   원제대덕   정법문중   부득착로   심심묘법

切心體達하야 超佛越祖하라. 然이면 得無所得하고 證無所證하야 佛與
절심체달   초불월조   연   득무소득   증무소증   불여

衆生이 平等無二하며 生死涅槃이 湛然常寂하야 苦海卽淨邦이니라 渡
중생   평등무이   생사열반   담연상적   고해즉정방   도

海用船이나 上陸棄船이니라. 轉凡成聖하고 普利群品하면 上報無恩之
해용선   상륙기선   전범성성   보리군품   상보무은지

恩하고 下度無衆之衆하야 任性逍遙하고 任運自在하리니 眞是出格大
은   하도무중지중   임성소요   임운자재   진시출격대

丈夫之事歟인저!
장부지사여

頌曰
송왈

曹溪一路八門開하니 佛與衆生任往來로다.
조계일로팔문개   불여중생임왕래

大邱林檎饑別味요 瀛洲甘橘渴時佳로다.
대구임금기별미   영주감귤갈시가

佛紀 二五二七年 癸亥 正月 上元
불기 이오이칠년 계해 정월 상원

曹溪叢林 方丈 九山 撰
조계총림 방장 구산 찬

摩訶般若波羅蜜多心經解序
大顚禪師 了通述

마하반야바라밀다심경해서
대전선사 요통술

　대저 심경心經이란 말하기 전에 이미 분명한 것이어늘 무슨 주해注解가 필요하리오.

　　그러나 부처님께서 이 세상에 나오시어 중생의 기틀에 따라 갖가지 모양을 나타내시고 온갖 법을 말씀하시며 오시五時의 교화를 베풀어 오종五種의 제목을 세우시며 현묘한 법의 문을 넓게 열어 수많은 중생들을 이끌어 제도하셨으니, 제오시第五時에 이 반야의 가장 수승한 경전을 설하시었다.

　　당나라 때의 현장 삼장玄奘三藏이 황제의 명을 받들어 이를 번역하여서 이 땅에 유통시키니 모두 육백 권이나 된다. 공空한 이치를 말씀하신 것은 한결같지만 법을 나타내는 데는 여러 방법이 있기 때문이다.

그 육백 부部 반야경 가운데서도 가장 간결하게 요약된 것이 오십 사 구句로 모두 이백 육십 칠 자字인데 그 글이 너무 곧아서 도리어 알기가 어려우므로 요통了通이 어리석고 미련함을 돌보지 않고 애오라지 좁은 소견으로 부처님과 조사스님네의 말씀을 이끌어 주해를 하였으나, 이것이 어찌 도를 통달한 사람들에게 전하려고 함이리오. 바라건대 처음 도를 배우려는 이들을 이끌어 들이기 위함인 것이다.

만약 능히 자기 자신을 돌이켜 비추며 견문을 궁구하여 먼저 견성見性하게 되면 차례대로 원돈圓頓의 지위에 들어감에 결코 막힘이 없게 되어 마침내 궁극의 안온한 경지에 도달하리라.

설사 아직 그렇게 되지 못하였더라도 다시 말후구末後句를 들어 볼지어다.

夫心經者 未曾擧起 已是分明 何須注解. 然而世尊出世 應現種種相 譚
부심경자 미증거기 이시분명 하수주해 연이세존출세 응현종종상 담

說種種法 五時施化 五種立題 廣闢玄門 誘濟群品 於第五時 說此般若
설종종법 오시시화 오종입제 광벽현문 유제군품 어제오시 설차반야

最勝大經. 有唐玄奘三藏 奉詔譯成 流於此土 盡六百卷. 談空一味 顯法
최승대경 유당현장삼장 봉조역성 유어차토 진육백권 담공일미 현법

多門. 於其教中 最簡要者 五十四句 計二百六十七字 其文大直 反成難
다문 어기교중 최간요자 오십사구 계이백육십칠자 기문대직 반성난

曉 了通 不揆蒙陋 聊以管窺 輒引佛祖言敎 以爲注解 豈欲傳諸達道. 庶
효 요통 불규몽루 요이관규 첩인불조언교 이위주해 기욕전제달도 서

幾接引初機. 若能對已反照 窮究見聞 先取見性 次第入頓 決無凝滯 終
기접인초기 약능대기반조 궁구견문 선취견성 차제입돈 결무응체 종

到牢關 設或未然 且聽末後句.
도뢰관 설혹미연 차청말후구

1
오시시화 오종입제(五時施化 五種立題)

부처님께서 49년 동안 설하신 교설의 차례를 다섯 때로 구분한 것. 여러 설이 있는데 그 가운데서 천태 지의(天台智顗)의 설에 따르면, ① 화엄시(華嚴時) - 부처님 성도 후 최초의 21일 동안 화엄경(華嚴經)을 설하신 때. ② 아함시(阿含時) - 그 다음 12년 동안 아함경을 설하신 때. ③ 방등시(方等時) - 다음 8년 동안 유마경·금강명경·승만경·무량수경·능가경 등 방등부의 여러 경을 설하신 때. ④ 반야시(般若時) - 다음의 22년 동안 모든 반야경을 설하신 때. ⑤ 법화·열반시(法華·涅槃時) - 최후의 8년 동안 법화경을 설하시고, 입멸(入滅)하실 때 열반경을 설하신 때.

2
어제오시(於第五時)

일반적인 교판(敎判)으로는 반야시(般若時)를 제4시(第四時)라 한다. 어느 교판이든지 자기 종파의 우월성을 나타내기 위하여 구분하였으니, 여기서는 반야경을 최승대경(最勝大經)이라 한 점을 미루어보아 누구

의 교판인지는 모르지만 반야경을 종(宗)으로 삼는다는 뜻인 듯하다.

3

현장 삼장(玄奘 三藏, 596~664)

당나라 때의 스님. 삼장(三藏)은 경(經)·율(律)·논(論)을 말하며, 이를 잘 아는 스님이나 이를 번역한 스님을 일컫는 말. 속성은 진(陳)씨 속명은 위(褘). 낙주(洛州)의 구씨현(緱氏縣)에서 나다. 열두 살에 낙양의 정토사에 출가하여 경론(經論)을 널리 통하였고 제자백가(諸子百家)의 전적도 두루 익혔다. 여러 명장(名匠)들을 만나 불경을 배웠으나 서로 다름이 있으므로 인도에 가서 직접 의심을 해결하기 위해 스물 아홉 살에 총령(葱嶺)을 넘어 인도에 들어가 여러 성지를 두루 참배하고 나란타 대사원(大寺院)의 계현(戒賢)에게 5년 동안 수업하는 등 고승대덕들을 찾아 불교와 학문 예술 등을 연구하였으며, 인도 전역을 돌아본 후 645년 1월에 장안으로 돌아왔다. 17년 동안 둘러 본 나라가 130국(國)이며, 부처님 사리 150과(顆), 불상 8좌(座), 대승과 소승의 경·율·논 520질(秩) 657부(部)를 모시고 왔다. 태종과 고종이 존중하여 궁중에 모시고 공양하며 삼장법사(三藏法師)라 호를 주었다. 뒤에 번역 사업에 종사하여 대반야경 등 75부 1,335권을 번역 완성하였다. 그리고 인도 여행기인 『대당서역기(大唐西域記)』 12권을 썼다. 당 고종 인덕 원년(664년) 2월 5일 입적했다.

4

이백육십칠자(二百六十七字)

현장(玄奘) 스님이 번역한 반야심경은 본문이 260자이고, 경의 제명(題

名)이 8자(어떤 본은 마하를 뺀 곳이 있는데 그런 경우) 혹은 10사이며, 본 주해서에서도 경의 제명 10자와 본문 260자를 합한 270자에 대하여 주해하고 있다. 왜 267자라 하였는지는 미상(未詳)이다.

5
견성(見性)

성품을 본다는 말인데 자기의 심성(心性)을 사무쳐 아는 것, 진리를 깨친다는 뜻.

6
뇌관(牢關)

견고한 관문이란 뜻으로 수행인이 마지막으로 뚫고 나가야 할 어려운 관문. 이를 통과하면 얻게 되는 궁극의 경지인 대안온(大安穩)의 경지를 뜻하기도 한다.

7
말후구(末後句)

마지막에 이르는 말. 깨달음의 극치에서 하는 말. 깨달음을 보인 요긴한 구절.

▶ 031

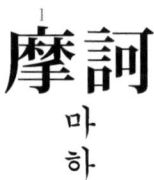

摩訶
마하

'마하'는 범어이니 번역하면 '크다' 또는 '평등'이라는 뜻이다.

    이 세상에서 제일 큰 것은 허공이며 허공보다 더 큰 것은 없으므로, 『금강경』에 이르되 "부처님께서 이르시되, '남서북방과 사유四維와 상하上下의 허공을 생각으로 헤아릴 수 있겠는가?' 하니 수보리須菩提가 답하기를 '생각으로 헤아릴 수 없습니다. 부처님이시여!'"라고 하였으며, 그래서 관계灌溪 스님은 말하시되 "시방이 둘러싼 벽이 없으며 사방이 또한 문이 없다."고 하시었다.

    크나큰 도道는 끝이 없으며 허공은 생각으로 헤아리기 어려운 것이므로 설봉雪峰 스님은 이르시되 "우러러 보아도 하늘이 보이지 않고 머리를 숙여도 땅이 보이지 않는다."고 하신 것이다.

그러나 비록 이와 같이 넓고 크다 할지라도 한 물건이 있어 이보다 더 큰 줄을 누가 알겠는가?

말해보아라! 이것이 어떤 물건인가?

이 ○을 알겠는가?

저 허공이 비록 넓기는 해도 능히 그 몸을 감쌀 수 없고 해와 달이 밝기는 하지만 능히 그 빛을 견줄 수가 없으므로 달마達磨 스님이 이르시되 "넓기로는 온 법계에 두루하고 좁기로는 바늘끝도 용납하지 않는다."고 하시었다.

"이 암자가 비록 작기는 하지만 온 법계를 머금고 있다."고 하였으니, 펼치어 벌리면 커서 바깥이 없고 거두어들이면 작아서 안이 없어서 산을 못에 감추는 것이나 배를 골짜기에 감추는 것도 천하를 천하에 감추는 것이다.

여기에서 삼라만상과 유정 무정이 모두 같은 한 몸인 것을 알게 되면 비로소 "끝없는 청산에 한 치의 나무도 없고 가없이 넓은 푸른 물에 물결이 사라졌다."고 한 말을 믿게 되리라.

광명이 밝게 비쳐 시방세계에 사무치는 것이 마치 천 개의 밝은 해가 큰 광명을 비추는 것과 같으므로 옛사람이 말하기를 "모든 대지가 사문沙門의 한 쪽 눈이며, 모든 대지가 하나의 부처님 몸이다."라고 하시었고, 경에는 말씀하시기를 "부모가 낳으신 눈으로 삼천대천세계를 모두 본다."고 하시었고 "넓고 긴 혀를 내어 삼천대천세계를 두루 덮는다."고 하시었다.

어찌 보지 못했는가.

운문雲門 스님이 이르시되 "이 한 가닥의 주장자가 용으로 변하여서 온 세상을 집어삼켜 버렸으니 산하대지가 어디에서 나오겠는가?"

라고 하시지 않았던가.

만약 여기에서 하나하나 밝혀내게 되면 조그마한 겨자씨가 수미산에 들어가며 거대한 수미산이 겨자씨 속에 들어가는 도리를 문득 깨닫게 되고, 몸뚱이를 감춘 곳에 자취가 없으며 자취가 없는 그 곳에 또한 몸을 감추지도 않으면서 신통이 자재하고 출몰이 자유로워서 어떤 때는 큰 몸을 나투어 온 허공계에 가득하고 어떤 때는 작은 몸을 나투어 작은 것 가운데서도 극미極微하게 되며 가는 것 가운데서도 극세極細하게 되는 것이다.

자, 여러분 눈 앞에 이것을 던지니 북을 쳐서 사람들을 모아놓고 보이지 않는 그것을 잘 찾아보아라!

알겠는가?

바다 밑에 비친 해가 하늘에 뜬 해요
눈에 비친 아이는 앞에 있는 사람이다.

梵語 此飜爲大 又云平等. 世間最大 莫過虛空 金剛經云 南西北方 四維
범어 차번위대 우운평등 세간최대 막과허공 금강경운 남서북방 사유
上下虛空 可思量不 須菩提言 不也世尊. 所以灌溪道 十方無壁落 四面
상하허공 가사량부 수보리언 불야세존 소이관계도 시방무벽락 사면
亦無門. 大道無邊際 虛空難度量 雪峰道 仰望不見天 低頭不見地. 雖然
역무문 대도무변제 허공난탁량 설봉도 앙망불견천 저두불견지 수연
恁麽廣大 誰知有一物 更過於此. 且道 是什麽物. 還識這箇○麽. 太虛雖
임마광대 수지유일물 갱과어차 차도 시십마물 환식저개○마 태허수
廣 不能包其體 日月雖明 不能喩其光 達磨云 寬則遍法界 窄也不容針.
광 불능포기체 일월수명 불능유기광 달마운 관즉변법계 착야불용침
庵雖小 含法界 放開大者無外 收來小者無內 藏山於澤 藏舟於壑 藏天
암수소 함법계 방개대자무외 수래소자무내 장산어택 장주어학 장천

下於天下. 若從這裏 會得 萬象參羅 情與無情 皆同一體 方信道 萬目青
하어천하 약종저리 회득 만상삼라 정여무정 개동일체 방신도 만목청
山無寸樹 極目綠水絶波瀾. 光明洞耀 照徹十方 譬如千日 放大光明 古
산무촌수 극목녹수절파란 광명통요 조철시방 비여천일 방대광명 고
人道. 盡大地 是沙門一隻眼 盡大地是箇法王身 經云 父母所生眼 悉見
인도 진대지 시사문일척안 진대지시개법왕신 경운 부모소생안 실견
三千界 出廣長舌相 遍覆三千大千世界. 豈不見. 雲門道 一條柱杖子化
삼천계 출광장설상 변부삼천대천세계 기불견 운문도 일조주장자화
爲龍 呑却乾坤去了也 山河大地 從什麼處得來. 若從這裏 一一明得 便
위룡 탄각건곤거료야 산하대지 종십마처득래 약종저리 일일명득 변
了芥子納於須彌 須彌納於芥子 藏身處沒蹤跡 沒蹤跡處莫藏身 神通自
료개자납어수미 수미납어개자 장신처몰종적 몰종적처막장신 신통자
在 出沒自由 或現大身 滿虛空界 或現小身 微中極微 細中極細. 拋向諸
재 출몰자유 혹현대신 만허공계 혹현소신 미중극미 세중극세 포향제
人面前 打鼓普請 看不見. 會麼. 海底金烏天上日 眼中童子面前人.
인면전 타고보청 간불견 회마 해저금오천상일 안중동자면전인

1

마하(摩訶)

범어 mahā. 크다(大), 많다(多), 수승하다(勝)라고 번역.

2

범어(梵語)

인도에서 옛날에 쓰던 아어(雅語), 곧 산스크리트(Saṃskṛta)어. 완성이란 뜻을 가졌으며 베다(Veda)말의 직계. 기원전 4~5세기 경에 시작되어 인도 상류층의 언어로서 현재에도 사용됨. 인도의 순수문학은 물론 불교의 경전이 대부분 범어로 쓰여졌다.

3

평등(平等)

여기서 평등이란 일반적으로 말하는 상대적 평등이 아니라 절대적 평등인 것이다. 하나가 그대로 전체이고 전체가 그대로 하나이며 하나 속

에 전체가 있고 전체 속에 하나가 있으니 한 개체 속에도 온 우주를 머금고 온 우주 속의 개체마다 모두가 그러하며, 무한한 시간이 한 생각이며 한 생각 속에 무한한 시간이 있고 무한한 시간 속의 찰나찰나가 또한 모두 그러하되 원융무애하여 둘이 아니다. 그러면서도 서로서로 혼잡을 이루지 않고 인연따라 제각기 별개의 성질을 이루어 두두물물이 제 모양 제 빛깔을 나타내니, 학은 희고 까마귀는 검은 대로, 대나무는 곧고 가시덤불은 굽은 대로 모든 법의 본성이 절대평등인 것이다.

4
금강경(金剛經)

『금강반야바라밀경(金剛般若波羅蜜經)』의 약칭. 부처님이 사위국의 기원정사에서 설하시다. 이 경은 공(空)한 지혜로써 바탕을 삼고 모든 법에 나(我)라는 것이 없는 이치를 설하신 것이다.

5
수보리(須菩提)

부처님의 십대 제자 가운데 온갖 법이 공한 이치를 가장 잘 아는 첫째 가는(解空第一) 제자.

6
관계(灌溪, ?~895)

임제 의현(臨濟義玄)의 제자. 성은 사(史)씨, 이름은 지한(志閑), 호는 관계(灌溪). 백암(栢岩) 선사에 의해 출가하고 후에 임제 선사에게 참예(參詣)하였다. 뒤에 말산(末山)의 요연(了然) 비구니와 이야기하다가 깨달았고 3년 동안 원두(園頭)를 살면서 보답한다. 관계(灌溪)에 머물면서 대중을 교화하다가 건녕(乾寧) 2년(895) 5월 29일 시자와 문답을 나누고 일곱 걸음을 걸은 뒤에 입적하다.

7
시방(十方)

동·서·남·북의 사방과 그 중간 방위[四維]인 동남·서남·동북·서북의 사방에 상(上)·하(下)까지 합하여 모두 시방이라 하니, 무한한 우주의 입체적 공간 전체를 말한다. 십방이라 하지 않고 시방이라 발음한다.

8

설봉(雪峰, 822~908)

당나라 때 스님, 속성은 증(曾)씨, 법명은 의존(義存). 천주부 남안현의 독실하게 불교를 믿어온 집안에서 태어나다. 열두 살에 부친을 따라 포전의 옥간사(玉澗寺)에 갔다가 출가하다. 참선을 시작한 뒤 염관(鹽官) 선사에게 갔으며, 투자(投子)에 세 번, 동산(洞山)에 아홉 번이나 갔지만 얻은 바가 없었다. 후에 덕산(德山)에게 법을 묻다가 한 방망이 맞고 깨달았으나 아직 철저하지는 못하였다. 그 뒤 풍주의 오산진에 갔다가 눈에 길이 막혀 있을 때, 그의 사형 암두(巖頭)가 경책하는 데서 크게 깨쳤다. 뒤에 복주(福州)의 상골산(象骨山)에서 40년 가까이 교화하니 모인 대중은 언제나 천오백 명을 넘었다. 그의 법을 이은 제자가 56인이나 된다. 후량(後梁)의 태조 2년에 87세로 입적하다.

9

일물(一物)

한 물건이란 진여(眞如)의 본체를 일컫는 말이다.

10

○

원상(圓相), 또는 일원상(一圓相)이라 한다. 마음은 빛깔도 모양도 없고 길다거나 짧다거나 모나다거나 둥글다거나 그 어떤 것으로도 표현할 수 없지만, 마음이 평등하고 원만하다는 뜻을 표시하기 위하여 부득이 한 동그라미로 표시하는 것이다.

11

달마(達磨, ?~536)

보리 달마(Bodhi Dharma)의 약칭. 남인도국 향지왕(香至王)의 셋째 아들로 태어나다. 반야다라(般若多羅) 존자가 왕궁에서 설법하는 것을 듣고 발심하여 출가했다. 40여 년 동안 반야다라를 모시고 섬겼는데 반야다라가 말년에 "동방 중국에 가서 교화하라."는 유명(遺命)을 남겼다. 반야다라 입적 후에 67년 동안이나 교화하면서 그 명성을 전 인도에 떨쳤다. 그 뒤 인도를 떠나 3년 동안의 항해로 남해(南海)를 거쳐 중국 광주(廣州)에 도착하니 광주자사 소앙(蕭昂)의 보고에 의하여 금릉(金陵: 지금의 南京)에 나아가 불심천자(佛心天子)로 알려진 양무제(梁武帝)를 만났다.

　　무제가 묻기를 "짐이 절을 짓고 탑을 쌓고 경전을 간행하고 사람들을 출가시켜 승려를 만들기를 한량없이 하였는데 어떤 공덕이 있습니까?" "조금도 공덕이 없습니다." "왜 그러합니까?" "그것은 인간이나 천상의 작은 복이니 유루(有漏)의 공덕이 될 뿐입니다." "그러면 어떤 것이 참 공덕입니까?" "맑은 지혜는 묘하게 밝아서 뚜렷이 비치어 있을 뿐이니 세상의 하염 있는(有爲) 일로써는 구할 수가 없는 것입니다." "그러면 어떤 것이 거룩한 법의 으뜸가는 도리[聖諦第一義]입니까?" "텅 비어서 거룩한 것도 없습니다." "그러면 지금 나를 대하여 말하고 있는 것은 무엇입니까?" "모릅니다." 하니 무제는 그 참뜻을 알아듣지 못하고 푸대접하였다.

　　대사는 기연(機緣)이 맞지 않음을 알고는 양자강을 건너 숭산(崇山)의 소림사(少林寺) 석굴에서 벽을 향해 앉아 9년 동안 좌선만 하였다. 후에 혜가(慧可)에게 의발(衣鉢)을 전하여 주고 우문(禹門)의 천성사(千聖寺)로 갔다가 536년 10월 5일 입적하니 웅이산(熊耳山)에 매장하였다. 그 후 위나라 사신 송운(宋雲)이 서역에 갔다 오다가 총령(葱嶺)에서 달마 대사가 맨발로 신 한 짝을 들고 가는 것을 만나보고 와서 그 묘를 파보니 신 한 짝만 남아 있더라는 전설이 있다.

12
암수소(庵雖小) 함법계(含法界)

석두(石頭) 선사의 초암가(草菴歌)에 나오는 말. 법계(法界)는 범어로

dharma dhātu다. 법(dharma)이란 온갖 유형 무형의 사물과 모든 이치를 의미하며, 계(dhātu)는 범위 또는 경계라는 말이니, 만유(萬有)를 총망라하는 말이다. 우주의 전체, 진리의 전체, 법성의 전체를 가리키는 말.

13
장산어택(藏山於澤) 장주어학(藏舟於壑)
장천하어천하(藏天下於天下)

『장자(莊子)』의 「대종사(大宗師)」편에 나오는 이야기. "어떤 사람이 배를 골짜기에 감추고 산(山: 혹은 汕[고기 잡는 오구산]이라 한 곳도 있다)을 못에 숨겨 놓고는 도둑맞을 염려가 없다고 생각하고 있었다. 그러나 잠자는 사이에 큰 힘을 가진 도둑이 이를 업고 가버렸다. 작고 큰 물건을 제각기 적당한 장소에 감춘다 해도 큰 힘을 가진 도둑인 시간의 변화에는 어쩔 수가 없으니 그것은 언젠가는 없어질 것이다. 그런데도 어리석은 자는 그것을 알지 못한다. 그렇지만 만약에 천하를 천하 속에 감춘다면 잃어버릴 염려가 없을 것이며 이것이야말로 모든 것에 통하는 진리임이 틀림없다."고 했다. 그러나 모든 것이 한 근원이며 만물이 그대로 동일체인 마하(摩訶, 평등)의 진리를 깨닫고 보면 대소(大小) 장단(長短)을 초월하게 되니, 산을 못에 감추는 것이나 배를 골짜기에 감추는 것이 그대로 천하를 천하에 감추는 것임을 알게 된다는 뜻이다.

14
정여무정(情與無情)

정(情)은 유정(有情), 즉 정식(情識)이 있는 생물. 무정(無情)은 정식이 없는 무생물.

15
사문(沙門)

범어 śramaṇa. 처자 권속을 떠나 수도생활을 하는 이를 말한다. 좋은 일을 행하고 나쁜 일을 일으키지 않는 이라는 뜻.

16
일척안(一隻眼)

보통 사람의 두 눈 외에 또 하나의 안목이 있는 것을 말함. 탁월한 식견이 있는 눈. 정안(正眼), 정문안(頂門眼), 명안(明眼)과 같은 말.

17
법왕신(法王身)

법왕은 부처님을 일컫는 말. 법왕신은 부처님의 몸, 곧 청정법신을 말한다.

18
경운(經云)~

『법화경』의「법사공덕품(法師功德品)」에 "어떤 사람이 여러 사람 가운데서 두려움 없는 마음으로 법화경을 해설한다면 그 공덕으로 이 사람은 팔백 가지의 훌륭한 눈의 공덕을 얻게 되리니, 그 눈이 매우 청정하여 부모가 낳아준 눈으로 삼천대천세계의 안팎에 있는 것을 두루 보리라."고 하였으며, 또 『아미타경』에 "시방세계에 항하사 모래알 수와 같은 모든 부처님이 넓고 긴 혀를 드러내어 삼천대천세계를 두루 덮으셨다."고 하였다.

19
광장설상(廣長舌相)

부처님 32상(相) 가운데 하나. 넓고 길고 얇고 보드라운 부처님의 혀 모양. 이는 거짓말하지 않음을 나타내는 상(相).

20
삼천대천세계(三千大千世界)

불교의 천문학에서 한 개의 해가 비치는 공간에 퍼져있는 한 태양계를 한 세계(一世界), 또는 한 사천하(一四天下)라 하는데, 그런 것이 천 개가 모인 것을 소천세계(小千世界)라 하고, 소천세계가 천 개 모인 것을 중천세계(中千世界)라 하고, 중천세계가 천 개 모인 것을 대천세계(大千世界)라 한다. 대천세계는 천이 세 번 곱하여진 숫자의 세계이므로 삼천대천세계

(三千大千世界)라고도 한다.

21
운문(雲門, 864~949)

법명은 문언(文偃), 속성은 장(張)씨, 소주(蘇州)의 절강성 가흥(嘉興)에서 나다. 어려서 출가할 뜻을 내어 공왕사(空王寺)의 지증(志澄) 율사에 의하여 머리를 깎다. 성품이 총명하여 경전을 한 번 보면 모두 외웠다 한다. 후에 목주(睦州)에게 나아가니 그가 오는 것을 보고 목주는 문을 닫아버렸다. 문언이 문을 두드리니 "누구냐?" "문언이라 하옵니다." "무엇하러 왔는가?" "자기의 일을 밝히지 못하여 스님의 가르침을 구합니다." 그러자 목주는 문을 열고 얼굴을 한 번 내밀었다가 도로 닫아버렸다. 이와 같이 하기를 세 번, 삼일째는 목주가 문을 열 때 무조건 밀고 들어갔다. 목주는 그의 멱살을 쥐고 "말해라! 말해!" 하며 다그치는데 대답을 못하고 머뭇거리니 문밖으로 밀쳐내면서 문을 닫았다. 그 때 그의 발이 문틈에 끼어 발가락이 깨졌는데 그 바람에 깨쳤다. 그 뒤에 설봉 의존(雪峰義存) 선사에게 나아가 더욱 크게 깨치고 그의 법을 이었다. 운문산의 광태선원(光泰禪院)에서 오랫동안 교화하니 법을 이은 제자가 88인이나 되었다. 운문종(雲門宗)의 개조(開祖)가 되었다. 건화(建和) 7년(949) 4월 10일 입적했다.

22
수미(須彌)

범어 sumeru. 사주(四洲)세계의 중앙에 높이 솟은 산 이름. 둘레에 칠산팔해(七山八海)가 있으며 그 밖에는 철위산(鐵圍山)이 둘러있고, 물 속에 잠긴 것이 팔만 유순(由旬), 물 위에 드러난 것이 팔만 유순이며, 꼭대기는 제석천(帝釋天), 중턱은 사왕천(四王天)이 머무는 곳이라 한다. 가장 큰 것의 비유로 많이 쓰인다.

23
극미(極微)

① 지극히 작은 것을 의미, ② 물질의 극세(極細)한 단위이며 인허진

(隣虛塵)이라고도 한다. 요즈음 물리학에서 말하는 소립자(素粒子)에 해당한다. 구사론(具舍論)에 의하면, 극미는 혼자 독립해서 존재하는 것은 없고, 있다 하여도 작용하지 못하며 현재의 극미는 반드시 집합한 것이라 한다. 그 집합의 순서는 한 극미를 중심으로 사방과 상하의 여섯 극미와 합하여 모두 일곱의 극미가 모여 한 미취(微聚)가 된다고 하였다. 즉 소립자가 입체적으로 합성하여 원자를 구성한다는 것과 같은 것이다.

 이와 같이 다시 입체적으로 일곱 미취가 모여 1금진(金塵: 금 속을 자유롭게 지나다닐 만큼의 크기)이 되고, 7금진이 모이면 1수진(水塵: 물속을 자유로이 통할 만큼의 크기)이 되고, 7수진이 모이면 1토모진(兎毛塵: 토끼의 가는 털끝에도 머물 수 있는 정도의 크기)이 되고, 7토모진이 모이면 1양모진(羊毛塵: 양의 털끝에도 머물 수 있는 정도의 크기)이 되고, 7양모진이 모이면 1우모진(牛毛塵: 소의 털끝에도 머물 수 있는 정도의 크기)이 되고, 7우모진이 모이면 1극유진(隙遊塵: 햇빛이 비치는 문틈으로 보일락 말락하게 떠다니는 가는 먼지의 크기) 또는 일광진(日光塵)이라고도 한다. 이 극유진은 823,543개나 되는 극미의 집합체인 셈이다.

 이 극미는 물질의 가장 극세(極細)한 것으로 이를 지나면 곧 공(空)이라 한다. 더 말하자면 이 극미(인허진)를 분해하여 공이 된다면 또한 공이 물질이 될 수 있는 것이니, 즉 질량이 에너지로도 되고 에너지가 질량으로도 되는 상대성 원리와 유사하다. 이 물질 이전의 공(空)이란 무(無)가 아니라 모든 물질의 본체이며 실상이니 요즈음 물리학에서 말하는 에너지 장(場)과 같은 것이다. 물리학자들은 에너지 상태의 장(場)이 온 우주에 충만하여 있으며, 그 밀집상태의 정도에 의한 차이로 만물만상이 나타난다고 설명한다. 우리들이 감지(感知)할 수 있는 물질이란 것이 결국 에너지 상태인 공(空)의 응결체라는 말이다.

 『능엄경(楞嚴經)』에는 "여래장(如來藏) 가운데 성품이 물질이면서 진공(眞空)인 것과, 성품이 공이면서 물질인 것이 본래 청정한 그대로 온 우주에 두루하였는데, 그것이 중생의 마음을 따르고 그 아는 바의 양[所知量]에 응하며 업(業)에 따라 나타나는 것이다."라고 하였으니 음미할 만하다.

般若
반야

■

'반야'는 범어이니, 이를 번역하면 지혜智慧라고 한다.

　어리석은 사람은 자기의 본래 참 성품을 알지 못하여 하는 짓이 거칠고 악하여 무슨 일을 하더라도 지혜가 없으니 살아서는 세상의 법망에 걸려들고 죽어서는 괴로운 아비지옥阿鼻地獄에 떨어지게 된다.

　만약에 어리석음을 돌이켜 지혜롭게 되면 무슨 일을 할 때에 사리가 밝아지고 큰 복덕을 갖추게 되며, 원인과 결과를 잘 알게 되니 사람들로부터 공경을 받으며 가난의 괴로움을 받지 않으리라.

　누구든지 예부터 허물과 악업을 날마다 이리저리 분주하게 지어왔으면서도 어리석고 뒤집혀진 줄을 깨닫지도 알지도 못하였던 것을 돌이켜 생각하여 홀연히 깨닫게 되면 생각생각의 순간마다 나고 죽음뿐이니 마지막에는 어느 곳으로 돌아가겠는가?

큰 고통인 사랑하는 사람들과 헤어져야 하는 괴로움과 얻으려 해도 얻지 못하는 괴로움과 버리려고 하여도 버리지 못하는 괴로움뿐이며, 그저 막막히 어둡고 아득하여 앞길이 캄캄하니 혼백이 어지러이 흩어져 날리게 되면 그 어디에도 돌아갈 집이 없으리라. 풀포기를 붙들고 나무에 기대어 살면서 배고프고 목마름에 시달리지만 일가 친척이 있다 해도 어느 누구나 돌아보지 않으니 아득하고 막막한 근심 걱정뿐이며, 혹은 지옥에 떨어져서 하루낮 하룻밤에도 천 번 죽었다가 만 번 깨어나는 고초를 당하기도 하고, 혹은 짐승들의 무리 속에 끼어들어 온갖 괴로움을 받기도 하지만 누구하나 제도하여 주는 사람이 없으니 한량없는 세월 동안 괴로움을 받게 되리라.

홀연히 이를 깨닫고 돌이켜 생각해 보면 끝없는 옛적부터 이와 같은 갖가지 괴로움을 덧없이 받아왔을 뿐이다.

부처님의 법을 올바로 가르치는 선지식을 가까이 하여 모시면서 큰 지혜를 내어 자기의 본성을 바로 보아 나고 죽음이 없는 진리를 깨달으면 앞의 어리석음을 돌이키어 지혜와 복덕이 되고 모든 것이 공적空寂으로 돌아가서 신통묘용이 되며, 살림살이 꾸리고 생업을 이어가는 것이나 세상에 쓰이는 온갖 말들도 모두 반야로 돌아가게 되니 범부를 돌이키어 성인을 이루게 되는 것이다.

스스로 이 자리에서 곧바로 부처를 이루며 이 마음이 바로 부처인 줄 알게 되면 극락국토에 태어나게 되어 생각생각이 자비롭고 언제나 반야를 이야기하게 되며 모든 가난의 괴로움을 구제하되 대지를 변화시켜 황금으로 만들고 강물을 저어서 소락酥酪으로 만들게 되리라.

세상의 모든 법이 불법佛法 아님이 없는 평등한 참 법계에는 부처가 중생을 제도하는 것이 아니니, 비로소 중생을 제도할 것 없으며 삼계를 가히 벗어날 것 없으며 열반을 가히 증득할 것도 없이 본래 다 갖추어져 있는 것임을 믿게 되리라.

불자佛子가 이러한 경지에 머물게 되면 이것이 바로 부처님이 수용受用하시는 것이며 이리저리 오나가나 앉거나 눕거나 언제나 그 가운데 있게 되는 것이니, 사람들이 스스로 이를 긍정하게 되어야 의심하지 않으리라.

이 믿기 어려운 법을 말하는 것이 참으로 희유한 일이니, 이것은 깨달은 사람이라야 바야흐로 알게 되리라.

다시 마지막 지극한 한마디 말을 참구하여야만 비로소 안온한 경지에 도달하게 될 것이다.

어떤 것이 마지막 지극한 한마디 말인가?

하필이면 잎이 다 진 그 때가 되어야만
모든 것이 덧없어 허무한 줄 알겠는가.

梵語 此飜智慧. 愚癡之人 不見自性 造作麤惡 用事無智 生遭王法 死墮
범어 차번지혜 우치지인 불견자성 조작추악 용사무지 생조왕법 사타

阿鼻. 若能轉愚爲智 用事聰明 具大福德 知因識果 令人恭敬 不受貧苦.
아비   약능전우위지 용사총명 구대복덕 지인식과 영인공경 불수빈고

若有人 反思從前所作過惡 逐日忙忙 不覺不知 愚癡顚倒 忽然自惺 念
약유인 반사종전소작과악 축일망망 불각부지 우치전도 홀연자성 염

念生死 末後何歸. 有大苦惱 愛別離苦 求不得苦 捨不得苦 杳杳冥冥 前
념생사 말후하귀 유대고뇌 애별리고 구부득고 사부득고 묘묘명명 전

路暗黑 魂識紛飛 無家可歸. 依草附木 饑渴苦惱 親戚不覩 莽莽蕩蕩 憂
로암흑 혼식분비 무가가귀   의초부목 기갈고뇌 친척부도 망망탕탕 우
愁之苦 或在地獄 一日一夜 千死萬生 或墮畜生 久受困苦 無人救濟 長
수지고 혹재지옥 일일일야 천사만생 혹타축생 구수곤고 무인구제 장
劫受苦. 忽能自覺 晝夜反思 塵劫已來 前種種苦 但受無常 親近知識 發
겁수고 홀능자각 주야반사 진겁이래 전종종고 단수무상 친근지식 발
大智慧 見自本性 頓悟無生 反前愚癡 智慧福德 皆歸空寂 神通妙用 治
대지혜 견자본성 돈오무생 반전우치 지혜복덕 개귀공적 신통묘용 치
生産業 治世語言 同歸般若 轉凡成聖. 自知當作佛 是心是佛 生極樂國
생산업 치세어언 동귀반야 전범성성 자지당작불 시심시불 생극락국
念念慈悲 常談般若 濟諸貧苦 變大地作黃金 攪長河爲酥酪. 一切諸法
염념자비 상담반야 제제빈고 변대지작황금 교장하위소락   일체제법
無非佛法 平等眞法界 佛不度衆生 方信道 無衆生可度 無三界可出 無
무비불법 평등진법계 불부도중생 방신도 무중생가도 무삼계가출 무
涅槃可證 本來具足. 佛子住此地 則是佛受用 經行及坐臥 常在於其中
열반가증 본래구족   불자주차지 즉시불수용 경행급좌와 상재어기중
爲人自肯 決定無疑. 說此難信之法 希有之事 悟者方知. 更叅末後一句
위인자긍 결정무의   설차난신지법 희유지사 오자방지 갱참말후일구
始到牢關. 如何是末後一句. 何須待零落 然後始知空.
시도뇌관   여하시말후일구   하수대영락 연후시지공

1

반야(般若)

범어 prajñā, 빨리어 paññā. 빨리어의 소리를 옮긴 것인데 지혜 또는 밝음(明)이라는 뜻. 법의 진실한 이치에 계합한 최상의 지혜.

2

자성(自性)

만유 제법의 체성(體性). 모든 법이 각각 변하지 않는 성품이 있으니 이것을 자성이라 한다.

3
아비(阿鼻)

범어 avici의 음역. 무간(無間)이라 번역. 남섬부주 아래 2만 유순(由旬) 되는 곳에 있는 몹시 괴로운 지옥으로 여기서는 괴로움을 받는 것이 그칠 틈이 없으므로 무간(無間)이라 한다.

4
의초부목(依草附木)

사람이 죽어 다음 생의 몸을 받지 못하고 중간에서 영혼이 큰 나무나 풀 그늘에 의지하여 머무는 것을 말한다.

5
지옥(地獄)

범어 naraka, niraya. 나락가(那落迦)라 음역. 삼악도의 하나. 중생들이 자기가 지은 죄업으로 말미암아 태어나게 된다는 지하의 감옥. 어둡고 괴로운 상태를 말함.

6
겁(劫)

범어 kalpa, 겁파(劫波)의 준말. 보통의 시간으로는 헤아릴 수 없이 긴 시간으로서 일반적으로 세 가지로 비유되어 설명된다.
① 개자겁(芥子劫): 둘레 40리의 성 안에다 겨자씨를 가득 채워놓고 장수천인(長壽天人)이 삼 년마다 한 알씩 가져가서 그 겨자씨가 다하는 동안이 한 겁이다.
② 불석겁(拂石劫): 둘레 40리의 굳은 바위를 천인(天人)이 아주 가벼운 무게 3수(銖)의 천의(天衣)로써 삼 년마다 한 번씩 스쳐 그 돌이 다 닳아 없어질 때까지의 시간을 한 겁이라 한다.
③ 증감겁(增減劫): 사람의 수명이 팔만 사천 세로부터 백년마다 한 살씩 줄어 열 살 때까지 이르되 한 번 줄고 한 번 느는 동안을 한 겁이라 하며, 성겁(成劫) 주겁(住劫) 괴겁(壞劫) 공겁(空劫)이 각각 20겁이니

합하여 80겁을 1대겁(大劫)이라 한다.

7
진겁(塵劫)

이 세상 티끌 수만큼이나 많은 겁의 시간. 한량없는 세월.

8
지식(知識)

선지식(善知識)을 말함. 부처님의 교법을 말하여 이상세계인 열반에 이르도록 가르치는 이. 남녀노소 귀천을 가리지 않고 불연(佛緣)을 맺게 하는 이.

9
무생(無生)

무생멸(無生滅), 무생무멸(無生無滅)의 뜻으로 모든 법의 참모습은 나고 죽음이 없음을 말함.

10
신통(神通)

보통 사람으로는 할 수 없는 걸림 없는 초능력을 말함. 흔히 여섯으로 구분한다.

① 천안통(天眼通): 멀고 가까움과 가리어진 것이나 크고 작음에 걸림 없이 두루 밝게 보이는 것.

② 천이통(天耳通): 멀고 가까움과 높고 낮음에 관계없이 막힘없이 모든 것을 잘 듣는 것.

③ 타심통(他心通): 사람뿐만 아니라 어떤 중생이든지 그 생각하는 바를 다 아는 것.

④ 숙명통(宿命通): 자기뿐 아니라 모든 중생들의 전생, 금생, 후생의 온갖 생애를 다 아는 것.

⑤ 신족통(神足通): 공간을 걸림 없이 왕래하며 변화를 마음대로 하는 것.

⑥ 누진통(漏盡通): 새어나가는 모든 번뇌 망상이 완전히 끊어진 것.

제5통까지는 외도(外道)·신선·귀신·하늘사람(天人)들도 정도의 차이는 있으나 적당히 얻을 수 있고, 약이나 주문(呪文), 최면술 등으로도 될 수 있지만, 이 누진통만은 아라한이나 불보살만이 능히 할 수 있다.

11

극락(極樂)

범어 sukhāvatī. 이 사바세계에서 서쪽으로 십만 억 불토(佛土)를 지나간 곳에 있다는 아미타불의 정토(淨土). 모든 일이 원만 구족하여 즐거움만 있고 괴로움이 없는 자유롭고 안락한 이상향(理想鄕).

12

소락(酥酪)

우유를 정제한 음료가 낙(酪)이고, 이 낙을 다시 정제한 음료가 소(酥).

13

삼계(三界)

범어 trayo-dhātava. 중생들이 살고 있는 세계를 세 가지로 나눈 것.
① 욕계(欲界): 음욕·식욕·재욕 같은 탐욕심이 많아서 정신이 흐리고 마음이 험악하며, 순전히 물질에 속박되어 둔탁한 중생들이 사는 세계.
② 색계(色界): 욕심은 적으나 성내는 버릇이 남아 있어 물질의 지배를 아주 벗어나지 못한 비교적 맑은 중생들이 사는 세계.
③ 무색계(無色界): 탐욕과 성냄은 없어져 물질의 영향은 받지 않지만, 아직 나(我)를 버리지 못하여 정신적으로 걸림이 남아 있는 깨끗한 중생들이 사는 세계.
이 삼계를 입체적 공간으로 말하고는 있지만 정신적인 세계의 구분을 의미하며, 탐(貪)·진(瞋)·치(癡) 삼독심(三毒心)의 경중에 따라 이 세상 어느 곳에서든 삼계가 벌어지는 것이다.

14

무열반가증(無涅槃可證)

원본에는 수열반가증(受涅槃可證)으로 되어 있었으나, 수(受)는 무(無)의 오각(誤刻)인 듯하다.(p.145 是諸法空相 4行 참조)

15
열반(涅槃)

범어 nirvāṇa. 적멸(寂滅), 원적(圓寂) 등으로 번역. 불교의 최고 이상. 모든 번뇌의 속박에서 해탈하고 진리를 궁구해서 미혹한 생사를 초월하여 불생불멸(不生不滅)의 법을 체득한 경지.

16
불자(佛子)

부처님의 아들이란 뜻이니 불법을 믿고 수행하는 이는 누구나 불자이다. 또 일체 중생은 누구나 부처의 성품[佛性]이 있어서 부처가 될 수 있으므로 역시 불자라 한다.

17
하수대영락(何須待零落)

중국 선종의 다섯 종파 가운데 하나인 법안종(法眼宗)의 개조(開祖)인 법안 문익(法眼文益) 선사가 청량사(淸凉寺)의 방장으로 있을 때 남당(南唐)의 군주인 이경(李璟)이 흠모하여 궁중으로 모셔 와서 설법을 들은 뒤에 같이 정원을 거닐면서 만발한 모란꽃을 감상하였다. 그 때 왕의 청에 의하여 한 수의 즉흥시를 지었다.

옹취대방총(擁毳對芳叢)
유래취부동(由來趣不同)
발종금일백(髮從今日白)
화시거년홍(花是去年紅)
염야수조로(艶冶隨朝露)
형향축만풍(馨香逐晩風)
하수대영락(何須待零落)
연후시지공(然後始知空)

가사자락 걸치고 꽃 숲을 마주하니

오고가는 인연이 서로가 같지 않네.
머리털은 오늘따라 희끗희끗 늙어가고
꽃잎들은 예년처럼 다시 붉게 피는구나.
아리땁고 어여쁨도 이슬 따라 사라지고
저녁바람 불어오면 고운 향기 흩어질 걸
하필이면 잎이 다 진 그 때가 되어야만
모든 것이 덧없어 허무한 줄 알겠는가.

波羅
바
라

'바라'는 범어이니 이를 번역하면 '저 언덕에 이른다.'는 뜻이다.

미혹하면 이 언덕이요, 깨달으면 바로 저 언덕彼岸이다.

경에 이르시되 "물을 건널 때는 뗏목이 필요하지만 언덕에 오르고 나면 배가 소용없게 된다."고 하였다.

자기의 본래 성품을 미혹하면 생각과 말과 행동의 삼업三業이 어둡고 육근六根의 안이 눈 멀어서 사대四大인 육근을 망령되이 자기 자신이라 여기게 되니, 이것은 중생들이 착각에 빠져 도적을 자기 아들인 줄로 잘못 여기는 것과 같은 것이다.

자기의 본성을 미혹하여 생사生死의 윤회에 돌고 돌게 되면 이것이 바로 이 언덕彼岸이니, 이 몸의 껍데기를 벗고 다른 몸의 껍데기를 둘러쓰면서 이리저리 굴러다니는 줄을 깨닫지도 못하여 머리 모양을 고치고 얼굴 생김새를 바꾸면서 기나긴 무량 세월을 고통을 받으며 잠시도 쉴 수가 없게 된다.

만일 어떤 이가 참다운 근원으로 되돌아가서 세상의 이치와 자기의 본성을 모두 깊이 궁구하여 자기의 본래면목을 바로 보게 되면 나고 죽음이 없는 도리를 깨달아 문득 저 언덕에 오르게 되리라.

한 번 얻으면 영원히 얻게 되고 한 번 깨달으면 영원히 깨닫게 되어 다시는 태어나지 않게 되며, 윤회를 영원히 쉬게 되어 죽음을 영원히 끊게 되면, 하나의 물외한인物外閑人이 되어 마음대로 인연 따라 소요하면서 고요한 즐거움을 누리게 되니, 이것을 이름하여 극락極樂이라 말하는 것이다.

어떤 것이 극락인가?

내 집안의 바로 그가 아니고서는
어느 누가 그 속에서 행동하리오.

梵語 此飜到彼岸. 迷者此岸 悟者彼岸. 經云 渡河須用筏 到岸不須船. 若迷
범어 차번도피안 미자차안 오자피안 경운 도하수용벌 도안불수선 약미
本性 三業昏暗 六根內盲 妄認四大 六根爲己 此是衆生顚倒 認賊爲子. 迷
본성 삼업혼암 육근내맹 망인사대 육근위기 차시중생전도 인적위자 미
自本性 輪轉生死 卽在此岸 出殼入殼 展轉不覺 改頭換面 長劫受苦 無有
자본성 윤전생사 즉재차안 출각입각 전전불각 개두환면 장겁수고 무유
休息. 若一人 反眞歸源 窮理盡性 親見本來面目 頓悟無生 便登彼岸. 一得
휴식 약일인 반진귀원 궁리진성 친견본래면목 돈오무생 변등피안 일득
永得 一悟永悟 更不復生 輪廻永息. 生死永斷 作一箇物外閑人 任性逍遙
영득 일오영오 갱불부생 윤회영식 생사영단 작일개물외한인 임성소요

寂然快樂 名曰極樂 如何是極樂 除是我家親的子 誰人肯向裏頭行.
적연쾌락 명왈극락 여하시극락 제시아가친적자 수인긍향리두행

1

바라(波羅)

보통 '바라밀다(波羅蜜多: pāramitā)'와 같이 말한다. '바라밀'이라고도 함. 도(度), 도피안(度彼岸), 도무극(到無極)이라 번역. 이상의 경지에 오르고자 하는 보살의 수행을 모두 말하며, 이것을 여섯으로 구분하여 육바라밀(六波羅蜜)이라 한다.

① 보시(布施)바라밀: 재물을 베풀거나 두려움을 없애주고 진리를 가르쳐 주는 것.
② 지계(持戒)바라밀: 불교의 계율을 지키며 도덕적인 생활을 실천하는 것.
③ 인욕(忍辱)바라밀: 온갖 욕됨과 번뇌를 참으며 원한을 일으키지 않는 것.
④ 정진(精進)바라밀: 수행을 힘쓰며 항상 정밀하게 나아가는 것.
⑤ 선정(禪定)바라밀: 마음을 고요히 하여 선정을 닦는 것.
⑥ 반야(般若)바라밀: 실상(實相)을 비춰보는 참다운 지혜를 얻는 것. 지혜바라밀이라고도 한다.

이 가운데서도 가장 핵심이 되는 것은 '반야바라밀'이다. 모든 바라밀이 이 반야바라밀로 나아가는 것이며, 이 반야바라밀을 통해서만이 참다운 육바라밀의 온갖 만행(萬行)을 행할 수 있는 것이다.

2

피안(彼岸)

저 언덕이란 말이니, 온갖 괴로움과 속박을 벗어나 영원한 자유와 즐거움을 누리는 열반의 세계를 말함.

3

삼업(三業)

우리의 몸(身)과 입(口)과 생각(意)으로 짓는 모든 행위를 말한다.

4
육근(六根)
눈(眼)·귀(耳)·코(鼻)·혀(舌)·몸(身)·뜻(意)을 말함. 대상이 되는 경계를 인식하는 뿌리가 되므로 육근이라 한다.

5
사대(四大)
물질계를 구성하는 네 가지의 큰 원소인 지(地)·수(水)·화(火)·풍(風)을 말한다.

6
궁리진성(窮理盡性)
이 세상의 이치와 자기의 본성을 모두 궁구함. 주역(周易)의 설괘(說卦)에 나오는 말.

7
윤회(輪廻)
범어 saṃsāra. 수레바퀴가 돌고 돌아 끝이 없는 것과 같이, 우리의 업식(業識)이 인과법칙(因果法則)에 따라 서로 연쇄관계를 지으면서 없어지지 않고 끝없이 생사를 계속 하는 것을 말함.

8
물외한인(物外閑人)
세상의 모든 얽매임을 벗어나 한가하게 지내는 사람.

蜜多
밀다

■

'밀다'는 범어이니 이를 번역하면 극칙極則이라 한다.

밀蜜이란 화합한다는 뜻이며, 다多는 모든 법이라는 뜻이다.

밀蜜이라는 한 글자는 비유하면 태허太虛가 능히 만법을 포용하고 만법은 모두 태허의 안에 있는 것과 같다.

중생의 한 성품一性도 펼쳐서 벌리면 역시 능히 태허를 포용하며, 태허는 또한 능히 온갖 만물의 성품을 머금고 있는 것이다.

태허는 체體가 되고 만법은 용用이 되니 태허 속의 삼라만상과 유정 무정이 모두 태허의 안에 있는 것이며, 마찬가지로 중생의 불성도 또한 능히 태허를 포용하여 머금고 있으니 태허 속에는 팔만사천 갠지스 강의 모래알같이 많은 종류의 만물이 있어서 이루 말할 수 없이 많지만 모두 중생의 한 성품 안에 있는 것이다.

　　　한 성품一性은 비유하면 꿀蜜과 같으니 꿀은 모든 것을 고루 섞어서 하나로 되게 한다.

　　　한 성품一性은 밀蜜과 같고 여러 성품은 다多이므로 그래서 밀다蜜多라 한 것이다.

梵語 此飜極則也. 蜜者 和也 多者 諸法也. 蜜之一字 喩於太虛能包於萬
범어 차번극칙야   밀자 화야 다자 제법야   밀지일자 유어태허능포어만
法 萬法盡在太虛之內. 衆生一性 放開亦能包於太虛 太虛亦能含於種性.
법 만법진재태허지내   중생일성 방개역능포어태허 태허역능함어종성
太虛爲體 萬法爲用 太虛之中 森羅萬象 情與無情 總在太虛之內 衆生
태허위체 만법위용 태허지중 삼라만상 정여무정 총재태허지내 중생
佛性亦能包含於太虛 太虛之內 有八萬四千恒河沙 異類種性 俱不可說
불성역능포함어태허 태허지내 유팔만사천항하사 이류종성 구불가설
盡在衆生一性之內. 一性喩於蜜 蜜能均和 和合爲一. 一性爲蜜 種性爲
진재중생일성지내   일성유어밀 밀능균화 화합위일   일성위밀 종성위
多 故曰蜜多.
다 고왈밀다

극칙(極則)
최상의 법칙. 궁극적 원리.

태허(太虛)
허공(虛空). 우주의 근원.

불성(佛性)
부처를 이룰 근본 성품. 미(迷)하거나 깨달음(悟)에 의하여 변하지 않으

며 본래 중생에게 갖추어져 있는 부처될 성품. 곧 부처가 될 가능성.

4
역능포함어태허(亦能包含於太虛)

원본에는 역능포합어태허(亦能包合於太虛)로 되어 있었다. 합(合)은 함(含)의 오각(誤刻)인 듯하다.

5
팔만사천(八萬四千)

인도에서 많은 수를 말할 때 흔히 쓰는 말. 많다는 뜻.

6
항하사(恒河沙)

범어 Ganga. 인도의 히말라야에서 근원하여 동으로 흘러 벵골만으로 들어가는 갠지스(Ganges) 강을 항하(恒河)라 한다. 항하사란 그 갠지스 강가의 모래알이라는 뜻으로 헤아릴 수 없이 많은 숫자를 나타내는 말.

※

밀다(蜜多)는 범어 pāramitā의 mitā를 음역(音譯)한 것인데 이 주해서에서는 이 음역을 다시 축자(逐字) 해석하였다. 뒤의 사리자(舍利子)에서도 같은 예가 보인다.

心
심

마음心이란 중생들의 본래 근원이다.

　일체의 모든 법이 다 같이 마음으로 돌아가니 만법은 바로 이 마음의 다른 이름이다. 나누어 보면 팔만 사천이요 넓히면 무궁무진하니, 마음이 생기면 온갖 법이 생겨나고 마음이 없어지면 온갖 법이 없어지는 것이다.

　그래서 말하기를 "별들은 모두 다 북극성을 향해 돌고, 강물은 흘러서 바다로 가지 않는 것이 없다."고 하였으며, 또 말하기를 "바로 지금의 이 한 마음이 본래 온갖 법을 갖추어서 마음 일으키고 생각 움직이는 거기에 대총지大總持를 갖추고 있다."고 하였다.

　예로부터 조사스님네가 마음으로써 마음을 전하시고 마음으로써 마음을 인가印可하시니, 오천 사십 팔 권의 모든 경전과 팔만 사천의 온갖 법문과 여러 가지 방편이 모두 이 마음心 한 글자에서 흘러나온 것이다.

수미산을 꺾어서 붓을 삼고 바닷물을 갈아서 먹을 만들어 이 마음心 한 글자를 표현하여 써보려 할지라도 오히려 능히 다 쓸 수 없는 것이다.

사람 사람 누구나가 이 마음心 한 글자를 가졌건만 능히 스스로 보지 못하였기 때문에 말하여 주어도 믿지를 않는 것이니, 모름지기 친히 보아야만 비로소 믿게 되리라.

이 마음心 한 글자의 법문을 바꾸어 말한 것은 중생들이 '이 마음이 바로 부처이며 이 마음이 부처를 이룬다.'는 것을 믿지 않으므로 부처님이 여러 가지 방편으로 중생들을 가르쳐서 자기의 본성을 바로 보도록 하신 것이다.

능히 보지 못한 자에게 모름지기 이를 하나하나 분명하게 가리켜 보이리라.

교教 가운데 이르기를 "사시절 푸른 대나무가 모두 이 진여眞如"라고 하였으니 모름지기 이 진여를 바로 보아라. "무성하게 피어난 노란 국화 송이 송이가 반야 아님이 없다."고 하였으니 모름지기 이 반야를 바로 볼지어다.

협산夾山 스님이 이르시되 "밝고 밝은 온갖 풀잎마다 밝고 밝은 조사의 뜻祖師意이라."고 하였으니, 이 조사의 뜻을 바로 보아라.

또 이르시되 "눈앞에 경계가 있는 것이 아니고 그대의 생각이 눈앞에 있는 것이다."라고 하였다.

또 이르시되 "도道가 기와조각에도 있고 도가 오줌 똥 속에도 있으며 도가 있지 않은 곳이 없다."라고 하였다.

또 이르시되 "오직 하나인 견고하고도 비밀한 몸이 모든 티끌 먼지 가운데에도 나타난다."라고 하였다.

또 이르시되 "색色을 보는 것이 바로 마음을 보는 것인데 중생들은 단지 색만 볼 뿐이요, 마음을 보지 못한다."고 하였으니, 어째서 보지 못하는가?

다만 식성識性이 어둡고 육근六根의 안이 눈멀어서 깨닫지도 알지도 못하는 것이다.

만약 이를 궁구하되 걸음걸음 오나가나 이것을 생각하고 이것을 살피다가 맷돌처럼 서로 딱 들어맞으면 홀연히 바로 보게 되리니, 이것을 말해서 견성見性이라 하는 것이다.

이 성性이라는 것은 일반의 지혜로써는 알 수 없고 지식으로도 알 수가 없으나 좌우를 둘러보고 앞뒤를 돌아보라. 쳐다보면 앞에 있다가 홀연히 뒤에도 있으니 어디서나 그를 만나리라. 그는 지금 틀림없이 바로 나인데 나는 이제 분명히 그가 아니니, 만약 이와 같이 알게 되면 비로소 참 이치에 맞게 되리라.

이 성性은 형태도 없고 모양도 없으나 보지 않는 그 가운데에서 바로 보게 되고 바로 보는 그 속에서도 보지 않게 되니, 가지가지 모양을 여의고 자기의 본성을 보게 되면 이것을 말해서 묘도妙道라고 하는 것이다.

2조祖 혜가慧可 스님이 달마 스님께 여쭈되 "저의 마음이 불안하오니 마음을 편안하게 하여주십시오." 하였다.

달마 스님께서 "그 마음을 가져오너라. 그러면 내가 네 마음을

편안하게 하여 주마." 하니, 혜가가 말하기를,

"마음을 찾아보니 찾을 수가 없습니다." 하였다.

달마 스님께서 "네 마음을 이미 편안케 하였느니라." 하시니,

혜가 스님이 여기에서 크게 깨달아 무심無心의 도를 얻었다.

알겠는가?

마음을 비워서 모두가 급제하면

범부와 성인이 원래 같은 한 집안.

心者 是衆生之本源. 一切諸法 同歸於心 萬法是心之異名. 分爲八萬
심자 시중생지본원 일체제법 동귀어심 만법시심지이명 분위팔만

四千 廣則無窮無盡 心生種種法生 心滅種種法滅. 所以道 衆星皆拱北
사천 광즉무궁무진 심생종종법생 심멸종종법멸 소이도 중성개공북

無水不朝東. 又道 現前一心本具千法 擧心動念 具大總持. 從上祖師 以
무수부조동 우도 현전일심본구천법 거심동념 구대총지 종상조사 이

心傳心 以心印心 五千四十八卷 八萬四千法門 多種方便 皆從此箇字流
심전심 이심인심 오천사십팔권 팔만사천법문 다종방편 개종차개자유

出. 將須彌作筆 海水爲墨 書這一箇字 猶不能盡. 人人盡有這一箇字 所
출 장수미작필 해수위묵 서저일개자 유불능진 인인진유저일개자 소

以不能自見 說亦不信 須是親見 方能信也. 換作一字法門 衆生不信 是
이불능자견 설역불신 수시친견 방능신야 환작일자법문 중생불신 시

心是佛 是心作佛 佛有多種方便 指衆生 見自本性 未能見者 須是一一
심시불 시심작불 불유다종방편 지중생 견자본성 미능견자 수시일일

分明指出. 敎中道 靑靑翠竹 盡是眞如 須是親見眞如 鬱鬱黃花 無非般
분명지출 교중도 청청취죽 진시진여 수시친견진여 울울황화 무비반

若 須是親見般若 夾山道 明明百草頭 明明祖師意 須是親見祖師意. 又
야 수시친견반야 협산도 명명백초두 명명조사의 수시친견조사의 우

道 目前無法 意在目前. 又道 道在瓦礫 道在尿屎 道無乎不在. 古云 唯
도 목전무법 의재목전 우도 도재와력 도재뇨시 도무호부재 고운 유

一堅密身 一切塵中現. 又道 見色便見心 衆生只見色 不見心 爲何不見.
일견밀신 일체진중현 우도 견색변견심 중생지견색 불견심 위하불견

秖爲識性昏暗 六根內盲 不覺不知. 若能窮究 步步行行 念玆在玆 掜著
지위식성혼암 육근내맹 불각부지 약능궁구 보보행행 염자재자 찰착

磕著 忽然親見 名曰見性. 此性 不可以智知 不可以識識 須是左顧右眄
개착 홀연친견 명왈견성 차성 불가이지지 불가이식식 수시좌고우면

回頭轉腦 瞻之在前 忽然在後 處處逢渠. 渠今正是我 我今不是渠 若能
회두전뇌 첨지재전 홀연재후 처처봉거 거금정시아 아금불시거 약능

如是會 方得契如如. 此性 無形無相 於不見之上親見 於親見之上不見
여시회 방득계여여 차성 무형무상 어불견지상친견 어친견지상불견

離種種相 見自本性 是名妙道. 二祖問達磨 乞師安心. 達磨云 將心來 我
리종종상 견자본성 시명묘도 이조문달마 걸사안심 달마운 장심래 아

爲汝安. 二祖云 覓心了不可得. 達磨云 爲汝安心竟. 二祖於此大悟 得無
위여안 이조운 멱심료불가득 달마운 위여안심경 이조어차대오 득무

心之道. 會麽. 若得心空皆及第 凡聖元來共一家.
심지도 회마 약득심공개급제 범성원래공일가

1

대총지(大總持)

범어 dhāranī의 번역. 무량한 뜻을 지니고 있어 모든 악한 법을 버리고 좋은 법을 가지는 것. 보통 다라니(陀羅尼)라 하는데 두 가지 뜻이 있다. ① 지혜 혹은 삼매를 말함. 우주의 실상에 계합하여 수많은 법문을 보존하여 가지기 때문이다. ② 진언(眞言), 범문(梵文)을 그대로 외우는 것. 남에게 비밀히 하는 뜻이 있으므로 밀어(密語)라 한다. 모든 장애를 벗어나 한량없는 복덕을 얻고 무궁한 이치를 알아 지혜를 돕는 공덕이 있으므로 총지라 한다.

2

조사(祖師)

1종(宗) 1파(派)를 세운 스님. 1종 1파의 선덕으로 후세 사람들의 귀의

존경을 받는 스님.

3
오천사십팔권(五千四十八卷)
부처님의 일생에 설하신 모든 경전을 말함. 정확한 숫자라기보다는 그와 같이 많다는 뜻.

4
방편(方便)
중생을 제도하기 위한 여러 가지 수단 방법.

5
진여(眞如)
우주 만유의 보편(普遍)한 상주 불변하는 본체. 대승불교 이상개념의 하나.

6
협산(夾山, 805~881)
법명 선회(善會). 광주(廣州)에서 났다. 속성 료(廖)씨, 아홉 살에 출가하여 경론을 배우는 데 지혜가 뛰어났다. 뒤에 도오(道悟) 선사를 뵈오니 선자 덕성(船子德誠) 선사에게 소개하므로 그곳으로 가서 언하(言下)에 크게 깨쳐 그의 법을 이었다. 풍주의 협산(夾山)에 대동원(大同院)을 세우고 거처하며 크게 교화하다. 당(唐) 희종(僖宗) 중화(中和) 원년(元年) 77세로 입적하다.

7
조사의(祖師意)
서래조사의(西來祖師意)와 같은 말. 중국 선종의 초조(初祖)인 달마 조사가 서천(西天)에서 와서 전한 불법의 의의(意義)라는 뜻. 곧 불법의 근본의(根本意). 불법의 바른 이치[佛法的的大意]라는 말.

8
도재와력(道在瓦礫)~
『장자(莊子)』의「지북유(知北遊)」편에 나오는 말. 동곽자(東郭子)가 장자에게 묻기를 "소위 도(道)라는 것이 어디에 있습니까?" 하니, 장자가 답하기를 "없는 곳이 없다." "좀 더 확실하게 말해주시오." "땅강아지나 개미에게 있다." "어찌 그렇게 하찮은 곳에 있습니까?" "가라지나 돌피에도 있다." "점점 더 천한 곳이군요." "기와조각이나 벽돌에도 있다." "더욱 심하군요." "똥이나 오줌 속에도 있다."고 하였다.

9
유일견밀신(唯一堅密身)~
금강처럼 견고하며 비밀한 몸이라는 뜻이니 청정법신(淸淨法身)을 말함. 『화엄경』「여래현상품」의 혜등보명보살품(慧燈普明菩薩品)에 나오는 말.

10
식성(識性)
시비(是非), 선악(善惡)을 잘 분간하는 천성.

11
육근내맹(六根內盲)
원본에는 육근내언(六根內言)으로 되어 있으나, 언(言)은 맹(盲)의 오각(誤刻)으로 보인다.(p.054 波羅 2行 참조)

12
찰착개착(拶著磕著)
맷돌끼리 서로 딱 들어맞는 모양. 수행자가 애써 정진하다가 어느 때 홀연히 진리에 계합하는 것을 비유함.

13
여여(如如)
진여(眞如), 바른 진리에 계합한 이체(理體).

14
이조(二祖, 487~593)
중국 선종의 제2조인 혜가(慧可) 스님을 말함. 이름은 신광(神光), 속성은 희(姬)씨, 낙양의 무뢰(武牢)에서 났다. 낙양 용문사에서 출가하여 여러 곳을 다니면서 불교와 유교를 배우고 서른 두 살에 용문사에 돌아와 8년 동안 좌선하다가 마흔 살에 숭산 소림사에 보리 달마를 찾아가 눈 속에 서서 가르침을 구하였으나 허락하지 않으므로 왼팔을 끊어 그 굳은 뜻을 보여 마침내 허락을 받고 뒤에 크게 깨쳤다. 66세에 제자 승찬(僧璨)에게 법을 전하고 업도(鄴都)에서 34년 동안 머물렀다. 뒤에 광성현 광구사(匡救寺)에서 열반경을 강의하니 여러 사람들의 신망이 높아졌다. 이에 승려 변화(辨和)의 참소로 수나라 개황(開皇) 13년에 혹형을 받았으나 온화한 모습으로 입적하다.

15
심공개급제(心空皆及第)

마음을 비워 급제한다는 것은 마음을 깨달아 부처를 이룬다는 말.
유명한 방온(龐蘊) 거사의 다음과 같은 게송이 있다.

시방동취회(十方同聚會)

개개학무위(箇箇學無爲)

차시선불장(此是選佛場)

심공급제귀(心空及第歸)

여러 곳의 사람들이 함께 모여서

누구나 하염없는 법을 배우니

여기는 부처를 뽑는 과거장

마음을 비우면 급제하리라.

經
경

경經이란 길徑이라는 말이다.

　이는 중생들의 수행하는 길이니, 한눈도 팔지 말고 곧바로 만 리 길을 향하여 한 치의 풀도 없는 곳으로 가라. 삼가고 주의해야 할 것은 이 때에 마음을 일으키거나 생각을 움직이면 문득 지옥에 떨어지게 되리라.

　이 경을 알고 싶은가?

　오천 사십 팔 권의 모든 경전이 모두 이 경에서 나온 것이다.

　어찌 보지 못했던가.

　어떤 스님이 운거雲居 스님께 묻기를 "어떤 것이 학인學人의 한 권 경입니까?" 하니,

　운거 스님이 답하시되 "지금 말하고 행동하는 거기에 아주 분명

하다." 하고는, 다시 물으시기를 "그래, 그대가 외우는 것은 무슨 경인가?"

그 스님이 답하되 "『유마경維摩經』을 외우고 있습니다."

운거 스님이 이르시되 "나는 그대가 유마경을 외우는 것을 물은 것이 아니네. 유마경을 외울 줄 아는 그것이 무엇인가?"라고 하시었다.

만약 여기에서 알아채면 숨을 내쉬되 모든 인연에 간섭되지 않고 숨을 들이쉬되 음계陰界에 머물지 않으면서 언제나 그와 같은 경전 백 천 만 억 권을 읽게 되리라.

이 한 권의 경을 사람 사람이 예나 지금이나 본래부터 갖추어 있건마는 다만 중생들이 깨닫지를 못하여 그래서 믿지 않는 것이니, 왜 그런가? 이 한 권의 경이 백 천 만 겁을 유랑하면서 이 길[經]을 미혹하여 등져버렸기 때문이다.

어느 누가 홀연히 일언지하一言之下에 깨닫게 되면 비로소 이 경은 바깥에서 얻는 것이 아님을 믿게 되고 이 경이 자기 자신에게서 흘러나오는 줄 알게 되어 소리소리가 끊어지지 않으면서 말 없는 그 가운데 말하게 되며 말하는 그 가운데 말 없으면서 큰 보시布施의 문을 활짝 열어 막힘이 없게 되리라.

비록 그렇기는 하나 옛사람이 그려 놓은 양식만 따르면서 흉내 내어 고양이를 그려서는 안 될 것이니, 왜 그런가?

이 경을 자신이 직접 보아야만 알게 되리라.

經者 徑也. 是衆生修行之徑路 驀直便行向萬里 無寸草處去. 切忌 當頭
경자 경야 시중생수행지경로 맥직변행향만리 무촌초처거 절기 당두
擧心動念 便墮泥犁 要識此經麼. 五千四十八卷 皆從此經出. 豈不見 僧
거심동념 변타니리 요식차경마 오천사십팔권 개종차경출 기불견 승

問雲居 如何是學人一卷經. 雲居答曰 擧起甚分明. 又問僧 念什麽經. 僧
문운거 여하시학인일권경 운거답왈 거기심분명 우문승 염십마경 승

云 念維摩經. 雲居云 我不問汝念維摩經 念底是什麽. 若從這裏 會得 出
운 염유마경 운거운 아불문여념유마경 염저시십마 약종저리 회득 출

息不涉萬緣 入息不居陰界 常轉如是經 百千萬億卷. 這一卷經 人人本有
식불섭만연 입식불거음계 상전여시경 백천만억권 저일권경 인인본유

亘古亘今 祇爲衆生不悟 所以信之不及 何也. 此一卷經 流浪多劫 迷背
긍고긍금 지위중생불오 소이신지불급 하야 차일권경 유랑다겁 미배

此經. 忽然有人一言下頓悟 方信道 此經不從外得. 自知從自己流出 聲
차경 홀연유인일언하돈오 방신도 차경부종외득 자지종자기유출 성

聲不絶 黙時說 說時黙 大施門開無壅塞. 然雖如是 不可依樣畵猫兒. 何
성부절 묵시설 설시묵 대시문개무옹색 연수여시 불가의양화묘아 하

也. 須親見此經 始得.
야 수친견차경 시득

1
경(經)

범어 stura. 수다라(修多羅)라고 음역. 부처님이 설하신 교법과 그것을 기록한 불교성전.

2
니리(泥犁)

범어 nirya의 음역. 나락가(那落迦: naraka)라고도 하며 불락(不樂)이라 번역. 지옥(地獄)을 말한다.

3
운거(雲居, ?~902)

법명 도응(道膺), 속성 왕(王)씨. 하북성 옥전현(玉田縣)에서 났다. 20세에 출가하여 25세에 범양(范陽) 연수사(延壽寺)에서 구족계를 받고 계율을 숭상하다가 취미(翠微)의 회상에 나아가 참선하였다. 뒤에 동산(洞山)의 회상에 나아가 삼봉암(三峰庵)에서 혼자 지내는데 며칠 동

안 큰 방 공양에 참석하지 않으므로, 동산이 묻기를 "왜 큰방 공양에 참석 안 하는가?" 하니, "날마다 천신(天神)이 밥을 보내왔습니다." 하므로, 동산이 "제대로 된 줄 알았더니 그 모양이군 그래. 착한 것도 생각지 말고 악한 것도 생각지 않을 때에는 이것이 무엇인가?" 하는 데서 크게 깨쳤다. 그리고 곧장 암자로 돌아가서 가만히 앉아 있으니 천신이 왔다가 볼 수 없어서 울고 돌아갔다고 한다. 운거산(雲居山)에 법석을 여니 대중이 모여 천 명이 넘었다. 천복(天復) 2년(902) 정월 3일에 가부좌하고 입적했다. [『주심경(注心經)』원본에는 운문(雲門)으로 되어 있으나, 출처 참고하여 운거(雲居)로 정정하였음.]

4
학인일권경(學人一卷經)

학인은 경을 배우는 사람. 일권경(一卷經)이란 사람 사람이 본래 가지고 있는 마음을 경에 비유한 것임. 팔만대장경도 결국 이 한 권 경을 설한 것이니 옛사람은 이를 게송으로 말했다.

아유일권경(我有一卷經)
불인지묵성(不因紙墨成)
전개무일자(展開無一字)
상방대광명(常放大光明)

나에게 한 권의 경전이 있으니
종이 위에 먹으로 써 놓은 것이 아니다.
펼쳐보면 글자 하나 찾아볼 수 없지만
언제나 밝은 빛이 온 누리를 비친다네.

5
출식불섭만연(出息不涉萬緣)~

달마 대사의 스승인 반야다라(般若多羅) 존자가 동인도 국왕의 초청을 받아 갔는데 독경(讀經)을 하게 되어 모든 스님네가 경을 읽고 있었으나 존자는 읽지 않고 가만히 있기만 하였다. 왕이 이상히 여기고 묻기를 "다른 스님들은 모두 경을 읽는데 존자께서는 어째서 경을 읽지 않으십니까?" 하니, 존자께서 답하시기를 "저는 숨을 내쉴 때에 모든 인연에 간섭되지 않고 숨을 들이쉴 때에 음계(陰界)에 머물지 않으면서 언제나 이와 같은 경전 백 천 만 억 권을 읽습니다."라고 하였다.

6

음계(陰界)

오음(五陰)과 십팔계(十八界)를 모두 말함. 오음은 즉 오온(五蘊), 십팔계는 육근(六根)·육진(六塵)·육식(六識)을 모두 합하여 말함.

7

의양화묘아(依樣畵猫兒)

옛사람이 그려놓은 양식만 따라서 고양이를 그린다는 뜻. 즉 옛사람의 말이나 본을 흉내내기만 하고 스스로 창안하지 못하는 것.

觀自在菩薩

관자재보살

만약 이를 믿거든 다만 고요히 앉았으라.

앉아서 그 자리가 지극히 고요해지면 마음을 일으키고 생각이 움직일 때에 한 무위진인無位眞人이 몸뚱이 위에 언제나 드나들고 있을 것이니, 여기에서 이 관자재보살이 자재로이 노닐면서 시방세계 모든 국토의 어느 곳에나 몸을 나투지 않는 곳 없이, 한 찰나 사이에도 갠지스 모래알처럼 많은 세계에 두루하고 있음을 직접 보게 되리라. 시방세계의 어느 곳이든 두루 돌아다니며 노닐지만 부처의 행하는 자취는 볼 수가 없으며, 바로 지금 이 자리를 여의지 않으면서 언제나 깊은 물처럼 맑고도 고요하여 그대가 찾아보아도 볼 수 없는 줄 알 것이니, 보지 않는 그 가운데서 바로 보게 되며, 바로 보는 그 가운데서 보지 않게 될 것이다.

만일 이와 같이 관음보살을 만나보게 되면 사물에 응하고 형상을 따르더라도 무엇이 모자라거나 부족함이 있으리오. 일어날 때나 앉을 때나 언제나 서로 같이 따르니, 같이 일어나고 같이 넘어지며 같이 기뻐하고 같이 웃으며 같이 소리치고 같이 떠들게 되리라.

알겠는가?

눈으로 소리를 들어야만 알게 되리라.

若信於此 但去靜坐 坐令極靜 擧心動念 有一無位眞人 常在赤肉團上 出
약신어차 단거정좌 좌령극정 거심동념 유일무위진인 상재적육단상 출

出入入. 這裏親見此菩薩 優游自在 十方諸國土 無刹不現身. 一刹那間
출입입 저리친견차보살 우유자재 시방제국토 무찰불현신 일찰나간

周遍沙界 十方遊歷遍 不見佛行蹤 不離當處常湛然 覓卽知君不可見 於
주변사계 시방유력변 불견불행종 불리당처상담연 멱즉지군불가견 어

不見中親見 於親見中不見. 若從這裏 見得觀音菩薩 應物竝隨形 何曾欠
불견중친견 어친견중불견 약종저리 견득관음보살 응물병수형 하증흠

少. 起坐鎭相隨 同起復同倒 同歡同笑 同叫同鬧. 會麽. 眼裏聞聲方始知.
소 기좌진상수 동기부동도 동환동소 동규동요 회마 안리문성방시지

관자재보살(觀自在菩薩)

범어 Avalokiteśvara. 관세음(觀世音), 관음(觀音) 등으로 번역, 대자대비를 근본 서원으로 하는 보살의 이름. 관자재라 함은 지혜로 관조(觀照)하여 자재(自在)한 묘과(妙果)를 얻은 이라는 뜻. 모든 법의 참모습(實相)이 공(空)한 줄 관(觀)하여 어느 곳에도 걸림없는 자재(自在)를 얻으면 그것이 '반야'며 '관자재'요, 그리하여 나와 일체 중생의 괴로움을 제도하면 그것이 '바라밀다'며 '보살'인 것이다.

2
무위진인(無位眞人)

참다운 자유를 얻은 진해탈인(眞解脫人). 부처의 지위나 보살의 지위나 조사의 지위나 성인의 지위나 그 어느 지위에도 얽매이지 않고, 깨달은 사람이라고도 이름조차 할 수 없는 위치 없는 참사람[眞人]이라는 뜻. 바로 본래면목(本來面目), 진리를 뜻한다.

3
적육단상(赤肉團上)

우리들의 육체를 말한다.

4
찰(刹)

범어 kṣetra. 체다라(掣多羅), 찰다라(刹多羅) 등으로 음역. 토전(土田), 국(國), 처(處)라 번역, 곧 국토(國土), 불국토를 불찰(佛刹)이라 하는 것과 같음.

5
찰나(刹那)

범어 kṣaṇa의 음역. 일념(一念)이라 번역. 지극히 짧은 시간을 말함.

1주야(晝夜)는 30모호율다(牟呼栗多)

1모호율다는 30랍박(臘縛)

1랍박은 60달찰나(怛刹那)

1달찰나는 120찰나(刹那)이니,

곧 1찰나는 75분의 1초에 해당한다.

『아비달마대비바사론(阿毘達磨大毘婆沙論)』에서는 1주야(晝夜)에 6,400,099,980의 찰나가 있다고 한다.

6
안리문성방시지(眼裏聞聲方始知)

동산 양개(洞山良介) 선사가 운암(雲巖) 스님께 묻기를 "무정(無情)이 설법한다니 누가 듣습니까?" "무정이 듣지." "스님께서는 들을 수 있습니까?" "내가 듣는다면 자네는 내 설법을 듣지 못할 것이네." 그러고는 불자(拂子)를 들고 묻기를 "자네는 들을 수 있나?" "아니오, 들을 수 없습니다." "나의 설법도 듣지 못하면서 어찌 무정물의 설법 듣기를 바라는가?" 그리고는 덧붙여서 말하기를 『아미타경(阿彌陀經)』에 물과 새와 나무가 모두 염불(念佛)·염법(念法)·염승(念僧)을 한다는 말 읽어보지 않았는가?" 하니, 그 말에 동산이 깨달은 바 있어 다음의 게송을 지어 운암에게 보였다.

야대기 야대기(也大奇 也大奇)
무정설법부사의(無情說法不思議)
약장이청성불현(若將耳聽聲不現)
안리문성방시지(眼裏聞聲方始知)
참으로 기이하고 참으로 기이하다.
무정의 설법은 생각으로 알 수 없네.
귀로써 들으려면 소리조차 안 나지만
눈으로 들어야 비로소 알게 되리.

行
행

행行이란 수행修行이라는 말이다.

　　천리 길을 가려고 하면 한 걸음부터 시작되니, 자! 그럼 보아라.
　　이 처음의 한 걸음은 어디서 일어나는가?
　　만일 이 처음 한 걸음이 일어나는 곳을 알면 바로 생사生死의 근원을 알게 될 것이니, 옛사람이 말하기를 "가다가 물길이 다한 곳에 이르면, 앉아서 구름 이는 그 때를 바라본다."고 하였다.
　　보지 못했는가.
　　석상石霜 스님이 석두石頭 선사께 묻기를 "이런저런 생각이 일어나며 그치지 않을 때는 어찌해야 합니까?" 하니, 석두 선사가 "돌咄!" 하며 꾸짖고는, 다시 묻기를 "이런 저런 생각을 일으킬 줄 아는 것이

도대체 누구인가?" 하니, 석상 스님이 이 말에 크게 깨달았다.

다만 이와 같이 몸소 궁구해 보면 생각생각이 바로 이 자리를 여의지 않으면서 무릇 마음이 일어나고 생각이 움직이는 것이 어언삼매語言三昧이니, 그 생각이나 말들이 어디에서 나오는지를 스스로 잘 살펴보아라.

옛사람이 이르시되 "어째서 들을 줄 아는 그것을 스스로 돌이켜 듣지 못하는가?" 하였으니, 스스로 돌이켜 들어보면 그것이 부처의 입에서 생겨나며 부처의 입에서 나온다는 것을 비로소 믿게 되리라.

옛사람이 이르되 "부처의 간 곳을 알고자 하는가? 바로 지금 이 말하는 여기에 있다네." 하였다.

보공寶公은 이르기를 "깨닫지 못한 사람은 이 한 마디 말을 잘 들어보라. 지금 누가 이 입을 움직이고 있는가?" 하였다.

경에 이르시되 "한 세계가 있으니 극락이라 부른다. 그 국토에는 '아미타'라는 부처님이 계시는데 지금 현재에도 설법하고 계신다."고 하였다.

잘 살펴보아라!

그 소리소리가 자기에게서 흘러나오며 생각생각 어느 한 순간도 끊어지지 않고 하루 열두 때 가운데 항상 이 경을 읽고 있으면서 부처님을 한 번 부르는 소리마다 한 소리가 따라 응하고 있으니 본래면목임이 너무나 분명하다. 만약 능히 이와 같이 된다면 본래의 근원으로 되돌아간다고 말하는 것이다.

어떤 것이 본래의 근원인가?

강물은 흘러가도 바다에 있게 되고
달은 져도 하늘을 떠나지 않는다네.

行者 修行也. 欲行千里 一步爲初 看這一步 從何而起. 若知起處 便知生
행자 수행야 욕행천리 일보위초 간져일보 종하이기 약지기처 변지생

死之根源. 古人道 行到水窮處 坐看雲起時. 豈不見. 石霜問石頭 擧念不停
사지근원 고인도 행도수궁처 좌간운기시 기불견 석상문석두 거념부정

時如何. 頭咄 云 是誰擧念. 石霜於此大悟. 但如此體究 念念不離於當處.
시여하 두돌 운 시수거념 석상어차대오 단여차체구 염념불리어당처

凡擧心動念 語言三昧 自觀從何而出. 古云 何不自聞聞. 方信道 從佛口生
범거심동념 어언삼매 자관종하이출 고운 하불자문문 방신도 종불구생

從佛口出. 古云 欲識佛去處 祗語語聲是. 寶公云 未了之人聽一言 祗如今
종불구출 고운 욕식불거처 지저어성시 보공운 미료지인청일언 지여금

誰動口. 經云 有世界 名曰極樂 其土有佛 號阿彌陀 今現在說法. 諦觀 聲
수동구 경운 유세계 명왈극락 기토유불 호아미타 금현재설법 체관 성

聲從自己流出 念念不絶 十二時中 常讀是經 叫佛一聲應一聲 本來面目
성종자기유출 염념부절 십이시중 상독시경 규불일성응일성 본래면목

太分明. 若能如是 喚作反本還源 如何是源. 水流元在海 月落不離天.
태분명 약능여시 환작반본환원 여하시원 수류원재해 월락불리천

고인(古人)

당(唐)나라의 대표적 자연시인이며 화가인 왕유(王維)를 말함. 그는 스스로 호를 마힐(摩詰)이라 할 정도로 돈독한 불교 신자였다[그의 이름 유(維)와 호 마힐(摩詰)을 합하면 유마경에 나오는 부처님 당시의 유마힐(維摩詰) 거사의 이름이 된다]. 본문에 인용된 말은 그의 시(詩) '종남별업(終南別業: 종남산의 별장)'의 한 구절이다.

중세파호도(中歲頗好道)

만가남산수(晩家南山陲)

흥래매독왕(興來每獨往)

승사공자지(勝事空自知)

행도수궁처(行到水窮處)

좌간운기시(坐看雲起時)

우연치림수(偶然值林叟)

담소무환기(談笑無還期)

중년의 나이 들어 불도를 좋아하여

늘그막엔 종남산의 기슭에다 집을 짓고

생각나면 언제든지 혼자서 찾아가니

그 좋은 재미는 스스로 알 뿐이다.

가다가 물길이 다한 곳에 이르면

앉아서 구름 이는 그 때를 바라보며

어쩌다가 산에 사는 늙은이를 만나면

이야기를 즐기다가 돌아갈 줄 모른다네.

2
석상(石霜)

여기에 인용된 석두(石頭)와 석상(石霜)의 문답기연(問答機緣)은 출처가 미상(未詳)이다. 석두와 동시대의 석상 대선(石霜大善)이 있으나 마조(馬祖)의 법사(法嗣)이며 오도(悟道)의 기연이 다르고, 석상 경저(石霜慶諸)나 석상 초원(石霜楚圓) 등과는 시대적으로 차이가 많다.

3
석두(石頭, 700~790)

당나라 때 스님. 법명 희천(希遷), 속성 진(陳)씨, 단주(端州)의 고안(高安)에서 났다. 열두 살에 육조 혜능 스님께 출가하고 3년 만에 혜능 스님이 입적하시니 유언에 따라 청원 행사(青原行思) 선사를 찾아가 크게 깨치고 그의 법을 이었다. 형산(衡山)의 남사(南寺) 동쪽 바위 위에 암자를 짓고 살았으므로 석두(石頭: 돌 위에 사는 스님)라 불리게 되었다. 뒤에 양단(梁端)에 가서 교화하니 천하의 학자들이 강서(江西)의 마조

(馬祖)와 호남(湖南)의 석두 스님 회상으로만 모여드니 그 때부터 강호(江湖)라는 말이 생겼다 한다. 당나라 정원(貞元) 6년 12월 25일 입적했다. 법을 이은 제자가 21인, 저서로는 『참동계(參同契)』와 『초암가(草菴歌)』 각 1권이 있다.

4
돌(咄)

꾸짖는 형세를 보이는 소리. 선종에서 문답하는 데 쓰는 독특한 수단이며, 할(喝)과 같은 것이다. 기가 막혀 끌끌하고 혀 차는 소리. '애닯다!' 하는 뜻으로 많이 쓰임.

5
어언삼매(語言三昧)

삼매는 범어 samādhi의 음역. 정(定), 등지(等持)라 번역. 마음을 한 곳에 모아 산란함이 없게 하여 망념에서 벗어나는 것. 어언삼매란 삼매 속에서 의사전달 매체인 언어들이 같거나 다르거나 간에 한 언어로 모두 다 알아듣게 할 수 있고, 또한 알아들을 수도 있는 것. 또는 그러한 삼매를 말한다.

6
하불자문문(何不自聞聞)

『수능엄경(首楞嚴經)』 9권에 나오는 말. 문수보살이 아난에게 "그대가 미진수(微塵數) 부처님의 모든 비밀문을 들었더라도 오욕의 번뇌를 제거하지 못하였기에 듣기만한 것이 허물이 되었도다. 모든 부처님의 법문은 들으면서도, 왜 들을 줄 아는 그것은 듣지 못하는가." 하였다. 즉 반문문성(反聞聞性)하라는 말이다. 들을 줄 아는 그 성품[聞性]을 돌이켜 살펴보라(反聞)는 뜻이다.

7
욕식불거처(欲識不去處)

쌍림 선혜(雙林善慧) 대사(497~569)의 게송에 나오는 말.

야야포불면(夜夜抱佛眠)
조조환공기(朝朝還共起)
기좌진상수(起坐鎭相隨)
어묵동거지(語黙同居止)
여신영상사(如身影相似)
섬호불상리(纖毫不相離)
욕식불거처(欲識不去處)
지저어성시(祇這語聲是)
밤이면 밤마다 부처를 안고 자고
아침 되면 그대로 함께 깨어 일어난다.
앉고 설 때 언제나 서로 같이 따르며
말하거나 말없거나 줄곧 같이 행동하네.
몸이 가면 그림자가 따라붙어 다니듯
가는 털끝 차이라도 떨어지지 않는다.
부처의 간 곳을 알고자 하는가?
바로 지금 이 말소리 여기에 있다네.

8

보공(寶公, 418~914)

육조(六朝)시대의 스님. 보지(寶誌), 보지공(寶誌公), 지공(誌公)이라고도 한다. 성은 주(朱)씨, 섬서성 한중부(漢中府)에서 났다. 어려서 출가하여 도림사(道林寺)의 승검(僧儉)에게서 선(禪)을 배웠다. 거처와 음식이 일정하지 않고 머리를 기르며 비단 도포를 입고 석장을 짚고 다니며 신통한 일을 많이 나타내고 예언을 하면 맞지 않는 일이 없었다 한다. 천감(天監) 13년 겨울 화림원(華林園)의 불당(佛堂)에서 97세로 입적하였다.

9

미료지인청일언(未了之人聽一言)~

보지공(寶誌公) 화상의 십이시송(十二時頌)에 나오는 말.

계명축(鷄鳴丑)

일과원주명이구(一顆圓珠明已久)

내외접득멱총무(內外接得覓總無)

경상시위혼대유(境上施爲混大有)

불견두 우무수(不見頭 又無手)

세계괴시거불후(世界壞時渠不朽)

미료지인청일언(未了之人聽一言)

지지여금수동구(只秖如今誰動口)

닭이 우는 축시(丑時)여!
한 알의 둥근 구슬 옛적부터 밝았는데
안팎을 살펴봐도 찾을 수가 없지만
모든 일과 행동 속에 온전히 나타나네.
머리도 안 보이고 손도 또한 없으나
세계가 무너져도 그것은 변치 않네.
깨닫지 못한 이는 이 말을 들어보라.
지금 누가 이 입을 움직이고 있는가?

10

아미타(阿彌陀)

범어 Amitābha. 극락세계에 계시는 부처님의 명호(名號). 무량수(無量壽), 무량광(無量光)이라 번역.

11

십이시(十二時)

하루를 말함. 지금은 24시간이지만 옛날에는 12지(支)로 시명(時名)을 삼아 12시를 썼다.

深
심

깊다深는 것은 골수骨髓에 사무친다는 것이다.

　옛사람이 이르기를 "도를 알기 위해서는 버리고 또 버리어라."고 하였다.

　다만 고요히 앉아서 밤낮으로 돌이켜 비추어 보라. 해골 속까지 다 비춰 보아 오온五蘊을 단박 사무치게 되면 가는 실오라기 하나라도 걸리지 않는 것이 부모에게서 태어나기 전과 같으리라.

　모든 것을 다 태워버리고 몸에 달라붙은 땀받이 적삼마저도 벗어 던지고 나서 도리어 자기 자신에게서 구해 보면 모든 것이 텅 비어 '나'라는 것도 없게 되니 자연히 집에 도달하게 된다.

　옛사람이 말하기를 "집으로 돌아가지 않는 것이 아니라 집이 가난해서 돌아가지 못 한다."고 하고, "그윽한 골짜기는 깊고도 멀어서 사람들이 누구 하나 도달할 수 없다."고 하였다.

옛사람이 게송으로 말하였다.

지난해의 가난함은 가난이 아니라
올해의 가난이 참으로 가난이다.
지난해의 가난은 송곳 꽂을 만한 땅도 없더니
올해의 가난은 송곳마저 없구나.

만약 이와 같이 되면 비로소 '혀가 없는 사람이 말을 하고, 손이 없는 사람이 능히 주먹을 쥐는 도리'를 알게 되리라.

深者 徹骨徹髓處也. 古云 爲道損之又損. 但去靜坐 日夜反照 照盡髑髏
심자 철골철수처야   고운 위도손지우손 단거정좌 일야반조 조진촉루
五蘊頓徹. 絲毫不掛 如父母未生相似. 燒了一般 貼體汗衫都脫却 反求
오온돈철 사호불괘 여부모미생상사   소료일반 첩체한삼도탈각 반구
諸己 廓然無我 自然到家. 古云 不是不歸家 家貧歸不得 幽谷深遠 無人
제기 확연무아 자연도가   고운 불시불귀가 가빈귀부득 유곡심원 무인
能到. 古云 去年窮 未是窮 今年窮 始是窮 去年窮 無卓錐之地 今年窮
능도   고운 거년궁 미시궁 금년궁 시시궁 거년궁 무탁추지지 금년궁
錐也無. 若能如是 方知無舌人解語 無手人能行拳.
추야무 약능여시 방지무설인해어 무수인능행권

위도손지우손(爲道損之又損)

노자(老子)의 『도덕경(道德經)』에 나오는 말. "학문을 닦으면 나날이 늘어

나고 도를 닦으면 나날이 버리게 된다. 버리고 또 버리어 아무것도 하지 않는 무위에 이르면 아무것도 하지 않으면서도 못하는 일이 없게 된다(爲學日益 爲道日損 損之又損 以至于無爲 無爲而無不爲矣)."라고 하였다.

2

반조(反照)

회광반조(廻光反照)와 같은 말. 한 생각 일어날 때에 바로 그 생각 일어나는 곳을 돌이켜 살펴본다는 뜻.

3

촉루(髑髏)

해골이라는 말이니, 온갖 식심(識心)이 일어나는 근본이 되는 제8식(識)인 아뢰야식(阿賴耶識)을 뜻하기도 한다.

4

오온(五蘊)

일체 번뇌를 일으키는 색(色)·수(受)·상(想)·행(行)·식(識)을 말함. 〈p.105 照見五蘊皆空 1번 注 참조〉

5

고운(古云)~

위산(潙山)의 제자인 향엄(香嚴) 선사에게 그의 사형되는 앙산(仰山) 스님이 그를 점검하기 위하여 묻기를 "자네는 요사이 어떠한가?" 하니, "창졸간에 말할 수가 없습니다." 하고는 송(頌)을 지었으니, "지난해 가난[去年窮]은 운운~"이라 하였다. 그러니 앙산이 "자네가 여래선(如來禪)의 경지는 알았어도 조사선(祖師禪)의 경지는 꿈에도 보지 못한 것 같네." 하였다. 이에 향엄이 다시 게송을 지었다.

아유일기(我有一機)

순목시이(瞬目視伊)

약인불회(若人不會)

별환사미(別喚沙彌)
나에게는 하나의 기틀이 있으니
두 눈을 깜짝이어 그걸 보이네.
그래도 그것을 알지 못하면
이번에는 사미를 불러보리라.

앙산이 이를 보고 기뻐하며 스승인 위산(潙山)에게 가서 "향엄 사제(師弟)가 조사선의 경지에 도달했습니다."라고 하였다. 옛부터 조사선과 여래선을 이 두 게송으로 많이 말해왔으므로 참고로 더해 두었다. 그것은 서로의 우열(優劣)을 말한 것이라기보다 체용(體用) 혹은 표리(表裏)의 관계이니 두 게송의 용심처(用心處)를 잘 살펴야 할 것이다.

6
무설인해어(無舌人解語)

어떤 스님이 익주의 승복사 연교 지(演敎志) 선사에게 묻기를 "어떤 것이 확 트인 넓고 너른 말(寬廓之語)입니까?" 하니, "혀 없는 사람이 말하는 것이지."라고 답하였다.

7
무수인능행권(無手人能行拳)

용아(龍牙) 선사에게 어느 스님이 묻기를 "하루 열두 때 가운데 어떻게 힘을 써야 합니까?" 하니, "손이 없는 사람이 능히 주먹을 쥐는 것과 같이 하여야 한다."고 답하였다.

般若
반야

'반야'는 범어이니 지혜라 번역한다.

  무릇 사람노릇을 하려면 지혜가 있어야 하나니, 지혜가 없으면 일을 분간할 때에 눈앞에 지나가는 것만 뒤쫓아 다니고 늙음이 세월 따라 오는 줄을 모른다. 이 말을 믿지 않기 때문에 외도가 총명하기는 하나 지혜가 없는 것이다.

  만일 큰 지혜가 있는 사람이라면 태어남이 있는 것을 알면 죽음이 있는 줄 알 것이니, 마땅히 스스로 앉아서 살펴보아라.

  태어날 때는 어디에서 왔으며 죽어서는 어디로 가는가?

  만약 어느 누가 이 한 생각을 내게 되면 바른 법을 가르치는 선지식을 곧바로 찾아가서 가까이 모시면서 나고 죽는 법을 결택하여야 할 것이다. 만일 그렇지 못하더라도 "이 세상을 떠날 때 세간의 모든 것은 가져가지 못하고 오직 자기가 지은 업業만이 자신을 따르게 된다."는 이 말은 믿어야 한다.

옛사람이 이르시되 "만일 누구든지 진리의 근원으로 되돌아가면 시방의 허공이 모두 녹아 사라진다."고 하였다.

만일에 요긴한 마지막 한 수末後一着를 밝히고 싶으면 용아龍牙 스님의 다음 게송을 자세히 차분하게 살펴보아라.

도 배우기 바라거든 가난부터 배워라.
가난해진 뒤에는 도를 바로 친하리라.
어느 날 가난한 도 몸소 닦아 이루면
가난한 사람처럼 쓸 도가 없으리라.

이와 같이 깨달으면 세상의 모든 것은 가져갈 수 없지만 오직 하나의 빈 몸인 법신이 있게 되니, 이것이 바로 큰 안락이니라.
알겠는가?

빈 손 털고 집에 오니 사람들이 몰라보고
어머님께 한 물건도 바칠 것이 없구나.

般若者 梵語 智慧. 大凡爲人 須有智慧 若無智慧 祇知事逐眼前過 不
반야자 범어 지혜 대범위인 수유지혜 약무지혜 지지사축안전과 불
覺老從頭上來. 不信此語 外道聰明 無智慧. 若是大智之人 知有生 便
각노종두상래 불신차어 외도총명 무지혜 약시대지지인 지유생 변

知有死 當自坐觀. 生從何來 死從何往. 若有人 發此一念 便能親近知
지유사 당자좌관 생종하래 사종하왕 약유인 발차일념 변능친근지

識 決擇死生之法 若不如此 但信此語 世間將不去 唯有業隨身.[3] 古云
식 결택사생지법 약불여차 단신차어 세간장불거 유유업수신 고운

若一人反眞歸源 十方虛空 悉皆消殞. 若要明末後一着[4] 但將龍牙頌[5] 仔
약일인반진귀원 시방허공 실개소운 약요명말후일착 단장용아송 자

細冷觀. 學道先須且學貧 學貧貧後道方親 一朝體得成貧道 道用還如
세냉관 학도선수차학빈 학빈빈후도방친 일조체득성빈도 도용환여

貧底人. 如此悟去 世間將不去 唯有一空身 是大安樂. 會麽 撒手到家
빈저인 여차오거 세간장불거 유유일공신 시대안락 회마 살수도가

人不識 更無一物獻尊堂.
인불식 갱무일물헌존당

1
노종두상래(老從頭上來)

두상(頭上)이란 두상광음(頭上光陰) 즉 머리 위에 있는 일월(日月)이니 세월이라는 뜻. 늙음이 머리 위에서 쫓아온다는 것은 늙음이 세월을 따라 온다, 즉 세월 따라 늙는다는 말.

2
외도(外道)

불교 이외의 모든 교학이나 종교. 진리를 안에서 구하지 않고 밖으로 절대자를 구하는 것을 외도라 한다.

3
업(業)

범어 karma. 짓는다(作)는 뜻. 중생들이 몸과 말과 뜻으로 짓는 온갖 행위를 업이라 한다. 개인은 이 업으로 말미암아 모든 운명과 육도(六道)의 윤회를 받게 되고, 여러 중생이 같이 짓는 공업(共業)으로 인하여 집단과 사회·국가·세계가 이룩되기도 하고 쇠퇴하여 없어지기도 한다.

4
말후일착(末後一着)

말후일구(末後一句)와 같은 말. 일착(一着)이란 원래 바둑 두는 데 쓰는 용어로 한 수라는 뜻. 결정적인 한 수. 종문(宗門)의 지극한 이치를 드러낸 말, 종문에 들어가는 지극한 말을 이른다.

5
용아(龍牙, 835~923)

법명은 거둔(居遁), 속성 곽(郭)씨, 강서(江西) 무주(撫州)의 남성(南城)에서 났다. 14세에 길주 만전사(滿田寺)에서 출가하였다. 여러 곳을 다니면서 참문하였으나 계합하지 못하고 동산 양개(洞山良介) 선사를 만나 "어떤 것이 조사께서 서쪽에서 오신 뜻입니까?" 하고 물으니, 동산이 "저 골짜기 물이 거슬러 흐르거든 말해 주리라." 하는 데서 언하(言下)에 활연대오하여 그 법을 이었다. 용아산(龍牙山)의 묘제사(妙濟寺)에서 법을 설하니 대중이 사방에서 몰려와 종풍(宗風)을 크게 드높였다. 용덕(龍德) 3년(923년)에 입적하였다.

波羅
바라

▪

'바라'는 범어이니, 이를 번역하면 '저 언덕에 이른다到彼岸'는 말이다.

　　미혹한 사람들은 생사의 윤회에 돌고 돌지만, 깨달은 사람은 윤회의 근심이 사라진다.

　　만일 저 언덕彼岸에 이르고자 한다면 스스로 지혜를 내어야 한다.

　　비유하면, 강물을 건너려는 사람이 물이 깊어서 건너기가 어려우면 다리나 배 또는 나무나 대로 만든 크고 작은 뗏목 등 여러 가지 수단 방법을 써서 채비하여 건너가지만 그 깊은 강물을 건너고 나면 앞의 여러 가지 방편으로 썼던 물건들이 아무 쓸 데가 없게 되는 것과 같이, 견성見性하여 도를 깨닫는 것도 또한 이와 같은 것이다.

　　또 비유하면, 눈먼 장님이 의사를 찾아갈 때 길이 멀어서 혼자서는 갈 수가 없으니 앞에서 이끌어 주는 사람과 지팡이를 손에 가져야 할 것이니, 이 두 가지가 없으면 능히 찾아가지 못한다. 그러나 의사가 있는 곳에 도착하여 의사가 눈을 고쳐 주어 눈을 뜨고 광명을 보게 되면 그 때에는 지팡이와 인도하여 주는 사람이 더 이상 소용없게 된다. 열반의 바른 길을 깨닫는 것도 또한 이와 같은 것이다.

견성見性하여 도를 깨닫지 못하여도 복을 지어서 그 복이 돌아오면 정신이 영명靈明하여지고, 좌선坐禪하며 도를 닦거나 성인들의 가르치심을 보고 읽거나 화두話頭와 하어下語를 참구하다가 어느 날 단박 깨닫게 되면 종전의 여러 가지 수단 방법인 유위법有爲法은 모두 다 아무 쓸데없는 세간살이와 같아서 뒷사람들에게나 남겨주게 될 것이다.

눈을 뜬 사람이나 강물을 건넌 사람들을 보라. 오가는 것이 자유자재하며 한 번 건너 지나가면 영원히 건너가게 되니, 한 번 깨달으면 영원히 깨닫게 되어 다시는 미혹하지 않는다.

토끼를 잡고나면 그물을 버리고 고기를 잡고 나면 통발을 버리듯이, 뜻을 알고 나면 말을 잊고서 세상 밖의 한가한 사람物外閑人이 되어 열두 때 가운데에 모든 성인과 귀신들이 엿보고자 하여도 말미가 없고 일체 성현들이 찾아나서도 그 자취를 찾을 길이 없으니 이는 이미 언덕에 도달한 사람이다.

어찌 '바라波羅'라고 하였을까?

알겠는가?

현현하고 미묘함이 다하게 되니
가던 길을 되돌려서 달밤에 가네.

梵語 此翻到彼岸. 迷者輪廻轉 悟者輪廻忍. 若要到彼岸 須是自生智
慧. 譬如渡河人 河深難得渡 須用橋道船車 木簰竹筏 多種方便 布置
盛載 過此深河 前多種方便之物 都無用處 見性悟道 亦復如是. 又譬
如盲人求醫 路遠不能自行 須假人牽 兼手中有杖 無此二物 終不能到
旣到醫師處 爲他點開眼目 便見光明 其杖與牽人 都無用處 頓悟涅槃[1]
正路 亦復如是. 未得見性悟道 須用作福 福至心靈[2] 須假坐禪行道 看
讀聖敎 看話下語[3] 一日頓悟[4] 從前多種方便[5] 有爲之法 盡是閑家具 留與
後人. 看目開之人 渡河之者 來去自在 一過永過 一悟永悟 更不復迷.
得兎忘罤 得魚忘筌 得意忘言 作一箇物外閑人 十二時中 諸聖鬼神 要
見無由 一切聖賢覓踪跡 皆不可得 此是已到岸者[6] 何云波羅. 會麼. 及
盡玄微妙 廻程月下行.

열반정로(涅槃正路)

열반은 범어 nirvāṇa 의 음역(音譯)으로 모든 번뇌의 속박에서 해탈하고 진리를 궁구하여 미혹한 생사를 초월하여 불생불멸(不生不滅)의 법을 체득한 경지. 열반에 이르는 바른 길.

2
복지심령(福至心靈)
복이 돌아올 때는 사람의 정신도 영명(靈明)하여 진다는 말.

3
간화하어(看話下語)
화(話)는 화두(話頭) 즉 선문(禪門)의 공안(公案)을 말하며, 하어(下語)는 선종에서 공안·고칙(古則)·수시(垂示)·상당(上堂) 등의 법어(法語)에 대하여 자기의 견해를 드러내어 하는 말로 착어(着語)와 같은 말. 간(看)이란 자세히 살핀다는 뜻이니 선문의 공안이나 하어를 참구한다는 말이다.

4
일일돈오(一日頓悟)
송광사 영인본에는 일체 돈오(一切頓悟)로 되어 있으나 체(切)는 일(日)의 오식(誤植)이다.

5
유위법(有爲法)
인연으로 생겨서 생멸변화하는 물질과 마음의 현상. 무위법(無爲法)의 반대.

6
하운바라(何云波羅)
두 가지로 해석할 수 있다. ① 축의(逐意) 해석하여, 피안의 세계에 도달하고 나면, 피안(彼岸)이니 차안(此岸)이니 하는 상대적 개념이 사라지니 새삼 피차(彼此)의 분별을 내어 "바라(波羅)라고 할 것이 있겠는가?" ② 축자(逐字) 해석하여, 바라(波羅)는 물결 파(波)·그물 라(羅)이니, 이미 피안에 오르고 나며 무슨 고해의 파도에 시달리고 오욕의 그물에 얽매임이 있겠는가? "그런데 무슨 바라(波羅)를 말하리오?" 하는 뜻임.

蜜多
밀다

'밀다'는 범어이니 무극無極이라 하며, 또 구경究竟이라고도 한다.

밀蜜이라는 한 글자는 저 큰 허공이 능히 만법을 포용하는 것과 같다. 또 비유하면 모든 약이 그 맛이 제각기 다르지만 꿀蜜을 가지고 고루 섞어 조화시키면 다 한 맛으로 돌아가는 것과도 같은 것이다.

모든 부처의 성품도 공하면서 또한 법계에 충만하여 일체를 포함하고 있으니 다른 갖가지 만물의 성품이 하나의 근원으로 돌아가게 된다.

하나를 알게 되면 만사를 마치게 되니, 어떤 것이 하나인가?

나의 도道는 하나로 통하느니라.

동산洞山 스님이 이르시되 "이십 년 동안을 타성일편打成一片이 되기를 바랬으나 이루지 못하다가 여기에 이르러서야 비로소 불법이 평등하여 높고 낮음이 없는 줄을 알았다."고 하시었다.

한 바탕으로 돌아가게 되면 부처를 이룰 것도 없고 중생을 제도할 것도 없는 것이다.

한 바탕으로 같이 보니, 그래서 '밀다'라고 한다.

梵語 無極 又云究竟. 蜜之一字 喩於太虛 能包萬法. 譬如衆藥 其味不同
범어 무극 우운구경 밀지일자 유어태허 능포만법 비여중약 기미부동
用蜜勻和 同歸一味. 諸佛性空 亦能充滿於法界 包含一切 異類種性 會
용밀균화 동귀일미 제불성공 역능충만어법계 포함일체 이류종성 회
源歸一. 識得一 萬事畢 如何是一. 吾道一以貫之 洞山道 二十年 要打成
원귀일 식득일 만사필 여하시일 오도일이관지 동산도 이십년 요타성
一片 不能得 到這裏 方知佛法平等 無有高下. 會歸一體 無佛可做 無衆
일편 불능득 도저리 방지불법평등 무유고하 회귀일체 무불가주 무중
生可度. 一體同觀 故曰蜜多.
생가도 일체동관 고왈밀다

1
무극(無極)
천지가 아직 생기기 전의 시초. 즉 우주의 근원.

2
오도일이관지(吾道一以貫之)
『논어』의 「이인편(里仁篇)」에 공자(孔子)가 제자 증참(曾參)에게 "증참아! 나의 도는 하나로 통하느니라(吾道一以貫之)."고 하였다. 공자가 나간 뒤에 다른 제자가 "그게 무슨 뜻입니까?" 하고 물으니, 증참이 "선생님의 도는 성실[忠]과 자애[恕]로 일관함을 말하는 것이다."고 하였다. 여기에서 따온 말이다.

동산(洞山, 809~869)

절강성 소흥부(紹興府) 회계(會稽)에서 났다. 속성 유(兪)씨, 법명은 양개(良介). 어려서 출가하여 반야심경을 배우다가 '눈·귀·코·혀·몸·뜻이 없다(無眼耳鼻舌身意)'는 뜻을 캐물었더니, 그 은사가 대답하지 못하고 오예산(五洩山)의 영묵(靈黙) 선사에게 인도하여 참선을 시작하게 되었다. 처음 남전(南泉) 선사를 찾았고, 다음에 위산(潙山)의 회상에 있다가 위산의 권유로 다시 운암(雲巖) 선사를 찾았다. 운암에게 무정설법(無情說法)에 대하여 묻다가 깨친 바가 있었고(p.073 觀自在菩薩 注 6번 참조), 그 뒤에도 의심이 아직 남았더니, 어느 날 물을 건너다가 물에 비친 자기의 그림자를 보고는 비로소 크게 깨쳤다. 그리고 다음 게송을 지었다.

절기종타멱(切忌從他覓)

초초여아소(迢迢與我疏)

아금독자왕(我今獨自往)

처처봉득거(處處逢得渠)

거금정시아(渠今正是我)

아금불시거(我今不是渠)

응수임마회(應須恁麼會)

방득계여여(方得契如如)

남을 따라 찾지 말라.

나와 더욱 멀어진다.

내가 이제 홀로 가니

어디서나 그를 보네.

그는 바로 나이지만

나는 지금 그 아니니

이와 같이 알아야만
참 이치에 맞으리라.

그 뒤 강서성의 여릉도(廬陵道) 고안현(高安縣)에 있는 동산(洞山)의 보리원(菩提院)에서 교화했다. 법을 이은 제자가 26명이나 되었다. 함통(咸通) 10년(869년) 3월에 머리 깎고 옷을 갈아입고는 종을 쳐서 대중을 모은 뒤에 법상에 올라 설법하고 대중과 하직한 뒤 입적하였는데 대중들이 통곡을 하므로 다시 깨어나서 이레 동안 법을 설해 마치고는 앉아서 입적했다. 그를 종조(宗祖)로 삼는 조동종(曹洞宗)은 지금까지 중국과 일본에 융성하고 있다.

4
타성일편(打成一片)

일체의 사량분별이 사라지고 상대적인 대립이 끊어져 천차만별이 오직 한 덩어리를 이루는 것.

時
시

때時라는 것은 바로 보는 때이다.

하나도 볼 것이 없으니 또한 과거·미래·현재도 없다.

허공과 같이 평등하여 위로는 우러러 볼 것이 없고 아래로는 자기의 몸까지 없으니 원돈의 지위圓頓之位조차도 모두 얻을 수 없다.

현묘하고도 현묘하며 평등하여 둘이 없으니 다 함께 한 때一時로 돌아가는 것이다.

時者 正見之時. 一無可見 亦無過去未來現在. 與虛空平等 上無攀仰 下
시자 정견지시 일무가견 역무과거미래현재 여허공평등 상무반앙 하
絶己窮 圓頓之位 皆不可得. 玄之又玄 等無有二 共歸一時.
절기궁 원돈지위 개불가득 현지우현 등무유이 공귀일시

원돈지위(圓頓之位)

대승불교 최상의 지위인 등각(等覺) 묘각(妙覺)의 지위. 일체 번뇌를 끊어버린 부처님의 지위.

照見五蘊皆空

조견오온개공

오온五蘊이란 색色·수受·상想·행行·식識이다.

　이 오온으로 인하여 이 몸뚱이에 '나'라는 것이 있다고 집착하기 때문에 끝없는 세월을 윤회하게 되는 것이다.

　금생今生에 사람 몸을 받고 태어났으니 이 몸을 의지해서 수행하되 항시 스스로 반조反照하여 오온이 모두 비어서 깨끗한 줄을 비추어 보면 청정한 본래의 모습이 벗은 듯이 드러나고 씻은 듯이 깨끗하여 도무지 잡아 볼래야 잡을 수 없게 되어 사대·오온이라는 이름조차 붙일 수가 없게 된다.

　옛사람이 이러한 경지에 이른 것을 온공법蘊空法이라고 하였다.

　서천西天의 계빈국왕罽賓國王이 사자師子 존자에게 묻기를 "여기에서 무엇을 하고 있소?" 하니, 존자 답하되 "여기에는 오온이 공空하였습니다." 하였더니, 왕이 묻되 "그러면 온공법을 얻었습니까?" 하므로, 존자 답하기를 "온공법을 이미 얻었습니다." 하였다. 왕이 말하기를 "그러면 스님의 머리를 베어가도 되겠소?" 하니, 존자 답하기를 "이 몸뚱이에 내가 있지 않은데, 하물며 어찌 머리에 집착하겠소."라고 하였다.

어떤 스님이 용아龍牙 화상께 묻기를 "두 마리 쥐가 등넝쿨을 갉아먹고 있을 때는 어떻게 하여야 이 위험을 면하게 되겠습니까?" 하니, 용아 화상이 답하시되 "지금 사람今時人이 몸을 숨겨야 한다." 하였다. 그 스님이 묻기를 "어떻게 몸을 숨깁니까?" 하니, 용아 화상이 "말하는 자네는 도리어 자네를 보았는가?"라고 답하였다.

승조僧肇 법사는 말하기를 "시퍼런 칼날로 이 목을 치는 것도 불어오는 봄바람을 베는 것과 다름없다."고 하였다.

사리불舍利弗이 천녀天女를 보고 묻기를 "왜 그 여자 몸을 바꾸지 않는가?" 하니, 천녀가 답하기를 "나는 십이 년 동안이나 여자 몸을 찾았으나 마침내 찾지 못했습니다. 내가 바꾸어야 할 것이 무엇입니까?"라고 하였다.

조사스님네가 이런 경지에 도달해서 모두 온공법을 얻었던 것이다.

경청鏡淸 화상은 어떤 절에서 삼 년 동안이나 머물러 있었는데도 그 절을 지키는 토지신土地神이 그 스님 얼굴을 보려고 하였지만 볼 수가 없었다.

홍각弘覺 화상이 어느 암자에서 혼자 지내고 있으니 하늘주방에서 언제나 공양을 보내 왔는데, 동산洞山 스님을 다시 찾아뵙고는 뒤에 다시 암자에 올라오니 천신天神이 사흘이나 공양을 가지고 암자에 왔지만 홍각 스님을 보지 못했다고 한다.

스님은 그 때에 암자에 있었는데 어째서 보지 못했을까?

잘 참구해 볼지어다.

과거의 모든 조사스님네가 모두 원돈의 법圓頓之法을 얻었었다.

이 가운데서 하나하나 터득하여 가시밭길을 지나가게 되면 온갖 만물 가운데에 홀로 몸을 드러내게 되니, 사람들이 이를 스스로 긍정하여야만 친하게 될 것이다.

이런 경지에 이르면 저절로 모든 것을 쉬게 되고 저절로 모든 것을 놓아 버리게 되니, 벌겋게 달구어진 화로 위에 떨어지는 한 점 눈이 녹아 사라지듯 할 것이다.

[양구良久하다가]

알겠는가?

여섯 용이 희롱하며 춤추는 건 보았지만
하늘 너머 봉황새를 어느 누가 알겠는가?

---

[1]
五蘊者 色受想行識. 此五蘊 因執色身有我故 長劫輪廻. 若就今生人身
오온자 색수상행식 차오온 인집색신유아고 장겁윤회 약취금생인신

依此修行 常自反照 照見五蘊淨盡 淸淨本然 [2]淨裸裸赤灑灑 沒可把 四
의차수행 상자반조 조견오온정진 청정본연 정나나적쇄쇄 몰가파 사

大五蘊名字 皆不可得. 古人到此 名曰蘊空法. [3]西天罽賓國王 問師子尊[4]
대오온명자 개불가득 고인도차 명왈온공법 서천계빈국왕 문사자존

者曰 在此作什麼. 尊者答曰 在此蘊空. 王問 得蘊空法否. 尊者答曰 已
자왈 재차작십마 존자답왈 재차온공 왕문 득온공법부 존자답왈 이

得蘊空法. 王曰 求師頭得否. 尊者答曰 身非我有 豈況頭乎. 僧問龍牙[5]
득온공법 왕왈 구사두득부 존자답왈 신비아유 기황두호 승문용아

和尙 二鼠侵藤 如何淘汰. 龍牙曰 今時人須是隱身去. 僧云 如何隱身.
화상 이서침등 여하도태 용아왈 금시인수시은신거 승운 여하은신

答曰 道者還見儂家麽. 肇法師云 將頭臨白刃 猶如斬春風. 舍利弗見天
답왈 도자환견농가마 조법사운 장두임백인 유여참춘풍 사리불견천

女問 何不變却女身去. 天女答曰 我十二年 覓女身 了不可得 敎我變
녀문 하불변각여신거 천녀답왈 아십이년 멱여신 요불가득 교아변

箇甚麽. 祖師到此田地 皆得蘊空之法. 鏡淸和尙 住院三年 本院土地
개심마 조사도차전지 개득온공지법 경청화상 주원삼년 본원토지

要見師顔 不能得. 弘覺和尙 住庵 天廚常送食 及再參洞山 後歸庵 天
요견사안 불능득 홍각화상 주암 천주상송식 급재참동산 후귀암 천

神三日送飯 到庵 不見庵主. 庵主秖在庵中 爲甚不見 叅 從上祖師 皆
신삼일송반 도암 불견암주 암주지재암중 위심불견 참 종상조사 개

得圓頓之法 這裏 一一透得荊棘過 萬象之中獨露身 爲人自肯乃方親.
득원돈지법 저리 일일투득형극과 만상지중독로신 위인자긍내방친

到這田地 自然休歇 自然放下 如紅爐上一點雪. 良久云 會麽. 只見六
도저전지 자연휴헐 자연방하 여홍로상일점설 양구운 회마 지견육

龍爭戱舞 誰知丹鳳入雲霄.
용쟁희무 수지단봉입운소

오온(五蘊)

오음(五陰) 오취(五聚)라고도 한다. 온(蘊)은 모아 쌓인 것이라는 뜻. 곧 화합하여 모인 것. 종류대로 모아 다섯으로 구별하였으니 색(色)·수(受)·상(想)·행(行)·식(識)을 말한다.

① 색온(色蘊): 스스로 변화하고 모든 것을 장애하는 물질(色)이나 소리(聲)·냄새(香)·맛(味)·감촉(觸) 등의 오경(五境)과 오근(五根)을 통틀어 말함.

② 수온(受蘊): 고(苦)·락(樂)·불고불락(不苦不樂)을 감수하는 마음의 작용. 바깥 경계에 대하여 사물을 받아들이는 마음의 작용.

③ 상온(想蘊): 외계(外界)의 사물을 받아들여서 그것을 상상하여 보는

마음의 작용.
④ 행온(行蘊): 인연으로 생겨나서 시간적으로 변천하는 일체 마음의 작용.
⑤ 식온(識蘊): 경계에 대하여 사물을 식별하는 마음의 본체. 곧 육식(六識)을 통틀어 식온(識蘊)이라 한다. 색온은 물질적인 것이며, 수·상·행·식온은 정신적인 것이다.

2
정나나적쇄쇄(淨裸裸赤灑灑)
정나나(淨裸裸)는 벗어버린 알몸처럼 가린 것이 없다는 말. 적쇄쇄(赤灑灑)는 적(赤)은 비었다는 뜻, 쇄쇄(灑灑)는 일체 더러움이 없이 깨끗함을 말함. 사물의 구애를 받지 않는 무애자재한 해탈의 모습을 말한다.

3
서천 계빈국왕(西天罽賓國王)
서천은 인도, 계빈국은 북인도에 있던 큰 나라 이름. 지금의 캐시미르(Kashmir) 지방이라 한다. 국왕의 이름은 미라굴(彌羅屈)이었다.

4
사자 존자(師子尊者)
범어 Siṃha. 존자는 수행과 도덕이 뛰어난 스님이라는 뜻. 인도 선종(禪宗)의 제24조. 3세기경 중인도에서 났다. 종성(種姓)은 바라문, 학륵나(鶴勒那)에게서 법을 전해 받았다. 뒤에 계빈국에 가서 교화하고 바사사다(波斯舍多)에게 법을 전했다. 그 때에 마목다(摩目多)와 도락차(都落遮)라는 두 외도의 모해를 받게 되어 왕이 직접 칼을 들고 가서 본문처럼 문답한 후에 존자의 목을 치니 젖같이 흰 피가 한 길이나 뿜어나왔으며, 그리고 왕의 오른팔이 저절로 땅에 떨어졌다고 한다.

5
용아 화상(龍牙和尙)
(p.091 般若 5번 注 참조) 화상(和尙)은 덕이 높은 스님을 존칭하는 말. [원본에는 잠(岑) 화상이라 되어 있었으나 출처 참고하여 용아(龍牙)

화상으로 역자가 정정(訂正)하였음]

6
이서침등(二鼠侵藤)

『정명경(淨名經)』의 「방편품(方便品)」에 어떤 사람이 길을 가는데 뒤에서 사나운 코끼리가 쫓아오므로 위험을 피하기 위하여 마른 우물 속으로 들어가 중간에 늘어진 등넝쿨을 붙들고 있었다. 그 우물 밑에는 악한 용이 있고 그 옆에는 다섯 마리의 독사가 혀를 날름거리고 있었으며, 흰 쥐 검은 쥐 두 마리가 교대로 나타나서 붙들고 있는 등나무 넝쿨을 갉아먹고 있었다. 그리고 머리 위에 나무가 하나 있어 거기에 벌집이 매달려 있는데 그 벌집에는 달콤한 다섯 방울의 꿀이 떨어지고 있었다. 그 사람은 그 꿀을 받아 먹으면서 그 맛에 도취되어 자기가 지금 위험한 처지에 놓여 있는 것도 잊고 있었다는 이야기가 있다. 우물은 생사(生死), 코끼리는 무상(無常), 악한 용은 악도(惡道), 독사 다섯 마리는 오온(五蘊), 등넝쿨은 생명선(生命線), 꿀 다섯 방울은 오욕락(五欲樂), 흰 쥐와 검은 쥐는 낮과 밤을 각각 비유하였음. 금시인(今時人)은 본래인(本來人)에 상대되는 말.

7
조법사(肇法師, 383~414)

중국 진(晋)나라 때의 승조(僧肇)를 말함. 법사(法師)는 불법에 정통하여 스승이 되는 분을 말함. 장안에서 났다. 소년시절에 집이 가난하여 책 베껴 쓰는 일(筆耕士)로써 생업을 삼았는데 책을 베끼는 동안에 경(經)과 역사책을 두루 보았고 특히 노장(老莊)의 학문을 좋아하였다. 뒤에 지겸(支謙)이 번역한 『유마경』을 읽고는 "내가 이제 나갈 바를 알았다." 하고 스무 살에 출가. 구마라습을 스승으로 모시고 역경(譯經)사업에 종사. 교리를 잘 알기로는 구마라집 문하에서 으뜸. 대품반야경(大品般若經)의 번역을 끝내고 나서 반야무지론(般若無知論)을 짓고, 그 뒤 물불천론(物不遷論), 불진공론(不眞空論), 열반무명론(涅槃無明論)을 지으니 이를 합하여 『조론(肇論)』이라 한다. 서진(西秦)의 무고(誣告)로 인하여 사형을 받게 되었으나 한마디의 변명도 하지 않고 태연자약하였으며, 간수(看守)에게 청하여 7일 동안의 형 집행 연기를 얻어 옥중에서 저술한 책이 『보장론(寶藏論)』이다. 그리고는 31세의 나이로 형장(刑場)에서 다음 게송을 남기고 죽었다.

사대원무주(四大元無主)
오온본래공(五蘊本來空)
장두임백인(將頭臨白刃)
유여참춘풍(猶如斬春風)

사대(四大)란 원래 주인이 없으며
이 몸과 마음도 본래가 빈 것이니
시퍼런 칼날로 이 목을 치는 것도
불어오는 봄바람을 베는 것과 다름없네.

8
사리불견천녀문(舍利弗見天女問)

사리불은 부처님 제자 가운데 지혜가 제일인 제자, 사리자(舍利子)라고 한다.(p.115 舍利子 1번 注 참조) 천녀(天女)는 욕계(欲界)의 육천(六天)에 사는 여자, 또는 여신(女神), 변재천녀(辯才天女) 등을 말함. 사리불과 천녀의 문답은 『유마경』의 「관중생품(觀衆生品)」에 나오는 이야기이다.

9
경청(鏡淸, 867~937)

법명 도부(道怤). 영가(永嘉)에서 났다. 속성 진(陳)씨. 어려서 고향의 개원사에서 출가했다. 제방을 두루 다니며 참선하다가 설봉(雪峰) 선사의 회상에 참예하고 있었는데, 어느 날 현사(玄沙) 스님에게 "제가 이곳에 온 지 얼마 되지 않으니 들어갈 곳을 가르쳐 주십시오." 하니, 현사 스님이 "저 개울물 소리가 들리는가?" "예! 잘 들립니다." "그럼, 그리로 들어가라."고 하였다. 이 말에 들어갈 곳을 깨달았다. 설봉의 법을 전해 받고 거기에 몇 년을 머물다가 고향에 돌아가니 무숙왕(武肅王)이 크게 공경하였다. 천룡사(天龍寺)에서 법석을 여니 오월(吳越)의 불법이 이로부터 크게 일어났다. 천복(天福) 2년(937년) 입적했다.

10
토지(土地)

토지신(土地神). 선사(禪寺)에서 그 절의 경내(境內)를 수호하는 신을 말한다. 흔히 법당의 동쪽에 모신다.

11
홍각(弘覺)

운거 도응(雲居 道膺) 선사의 시호(諡號)이다.(p.070 經 3번 注 참조)

12
천신(天神)

범어 deva. 범천(梵天), 제석(帝釋) 등의 하늘의 신.

13
원돈지법(圓頓之法)

원돈법(圓頓法). 상근(上根)의 대지(大智)들이 차례와 계단을 밟지 않고 본래 부처인 도리를 깨달아 곧바로 부처의 지위에 들어가는 법.

14
형극(荊棘)

가시덤불이니, 얽히고 설키어 있는 미혹의 경계. 번뇌 망상과 시비 갈등의 경계.

15
만상지중독로신(萬象之中獨露身)

온갖 만물만상 가운데 홀로 드러난 몸이란 법신(法身)을 말한다. 장경 혜릉(長慶慧陵) 선사가 설봉 스님께 참예하여 크게 깨닫고서는 다음의 게송을 지었다.

만상지중독로신(萬象之中獨露身)
유인자긍내방친(唯人自肯乃方親)
석시류향도중멱(昔時謬向途中覓)
금일간여화리빙(今日看如火裡氷)
만상 속에 홀로이 드러난 법신이여!
스스로 긍정해야 비로소 친하리라.
예전에는 잘못 알아 도중에서 찾았더니
오늘에야 알고 보니 불꽃 속의 얼음 같네.

16
양구(良久)

설법을 하다가 한동안 침묵해 있는 상태. 종문(宗門)에서 법담(法談)할 때 쓰는 특별한 수단.

度一切苦厄

도
일
체
고
액

만일 오온이 공空한 줄 깨닫지 못하면 여전히 나고 죽는 생사의 세계에 떨어지게 되고, 생사의 세계에 떨어지면 다시 윤회의 괴로움을 받게 된다.

노자老子가 이르기를 "나에게 가장 큰 근심은 나의 몸이 있다는 것이다."라고 하였으니, 몸이 있으면 모든 것이 고통이다.

경에 말씀하시되 "삼계三界가 편안하지 못한 것이 마치 불타는 집과 같으니 온갖 괴로움이 충만하여 몹시 두렵도다."라고 하였다.

만일 괴로움 없기를 바란다면 바로 자기 자신을 돌이켜 스스로 비춰보아라. 뼛속까지 환히 다 비추어보면 본래 청정하리라.

자기의 본래 참모습을 바로 보아야 할 것이니, 본래의 모습을 보고 싶은가?

과거나 현재에 떨어지지 않고
분명히 지금 바로 눈앞에 있도다.

알겠는가?

머리 드니 새매는 벌써 신라新羅를 지나갔네.

若不得五蘊空 依舊墮落生死界 旣墮生死界 再受輪廻苦. 老子曰 吾有大
약부득오온공 의구타락생사계 기타생사계 재수윤회고 노자왈 오유대
患 爲吾有身 有身皆是苦. 經云 三界無安 猶如火宅 衆苦充滿 甚可怖畏.
환 위오유신 유신개시고 경운 삼계무안 유여화택 중고충만 심가포외
若要無苦 直須反己自照 照盡髑髏 本來清淨. 須是親見本來面孔. 要見
약요무고 직수반기자조 조진촉루 본래청정 수시친견본래면공 요견
本來面孔麽. 今古應無墮 分明在目前. 會麽. 擧頭鷂子過新羅.
본래면공마 금고응무타 분명재목전 회마 거두요자과신라

노자(老子)

주(周)나라 때의 철학자. 성은 이(李)씨, 이름은 이(耳), 자(字)는 백양(伯陽). 도가(道家)의 시조. 중국 남쪽의 초(楚)나라 고현(苦縣) 여향(厲鄕) 곡인리(曲仁里)에서 났다. 주(周)나라에서 지금의 도서관과 같은 수장실(守藏室)의 관리를 지냈으며 무위자연(無爲自然)의 법칙에 기초를 둔 도덕의 절대성을 역설했다. 말년에 서쪽으로 여행하다가 국경의 관문을 지키는 윤희(尹喜)의 청에 의하여 오천언(五千言)으로 된『도덕경(道德經)』을 남겼다. 그리고는 함곡관(函谷關) 밖으로 종적을 감추었다고 한다.

2
경운(經云)~
『법화경』의 「비유품(譬喩品)」에 나오는 말

3
본래면공(本來面孔)
본래면목(本來面目)과 같은 말. 부모에게서 태어나기 전의 본래 모습이란 뜻.

4
신라(新羅)
중국에서는 멀다는 뜻으로, 서쪽으로는 서천(西天: 인도)을 말하고 동쪽으로는 신라를 많이 비유하였음.

舍利子
사리자

사舍라는 것은 임시로 머무는 집이요, 리자利子는 그 집에 사는 주인이다.

사대와 오온으로 이루어진 이 몸은 잠시 동안 머무는 집과 같고 주인은 잠시 머무는 것이며, 주인이 떠나고 나면 집舍은 무너지고 말지만 그 속에 살던 주인利子은 그대로 존재하는 것이다.

약산藥山 스님이 말하시되 "껍데기는 다 떨어져버리고 오직 하나의 진실만 남았다."고 하시었다.

또 이르시기를 "대천세계가 모두 다 무너질지라도 이것은 무너지지 않는다."고 하였으니,

이것이 무엇인지 알겠는가?

저 멀리 삼계 밖에 홀로 뛰어 넘어서

다시는 사바세계 생각하지 말지어다.

舍者 舘也. 利子者 舍中之主也. 四大五蘊身如客店 主人暫住 主人旣離
사자 관야 리자자 사중지주야 사대오온신여객점 주인잠주 주인기리
屋舍倒壞 利子常存. 藥山道 皮膚脫落盡 唯有一眞實. 又道 大千俱壞 這
옥사도괴 리자상존 약산도 피부탈락진 유유일진실 우도 대천구괴 저
箇不壞 還識這箇麽. 獨超 三界外 更不戀娑婆.
개불괴 환식저개마 독초 삼계외 갱불연사바

1
사리자(舍利子)

범어 Śāriputra. 보통 사리불(舍利弗)이라 음역하여 부른다. 어머니 이름이 사리(Śāri)였다고 하며 그 아들이라는 뜻. 사리(śāri)란 독수리라는 뜻이니 추로자(鶖鷺子)라고도 번역. 왕사성(王舍城) 북쪽의 나라(那羅)라는 곳에서 출생하여 이웃의 목건련과 함께 외도 사연(沙然)을 스승으로 섬기다가 뒤에 마승(馬勝) 비구의 설법을 듣고 부처님께 귀의하였으며, 부처님 10대 제자 중에서 지혜가 제일 뛰어났다. 석가모니 부처님보다 먼저 입적했다.

2
약산(藥山, 751~834)

법명 유엄(惟嚴), 속성 한(韓)씨, 산서성 강주(絳州)에서 났다. 17세에 출가하여 삼장(三藏)을 널리 통하였다. 참선을 하기 위해 석두(石頭) 스님을 찾아가니 "강서(江西)의 마조(馬祖) 대사가 있으니 거기 가서 물으라."고 하여 마조 스님을 찾아 깨닫고는 3년을 모시고 지내다가 그 뒤에 석두에게 돌아와 그 법을 이었다. 어느 날 앉아 있는데 석두가 묻되 "거기서 무얼하나?" "아무것도 안 합니다." "그렇다면 한가히 앉아 있는 것

이군." "한가히 앉아 있다고 하면 하는 일이 있게 됩니다." "자네는 아무 것도 안 한다, 안 한다 하는데 도대체 하지 않는다는 것이 무엇인가?" "모든 성인들도 알지 못합니다." 하니, 석두가 게송으로 칭찬하였다.

종래공주부지명(從來共住不知名)
임운상장지마행(任運相將只麼行)
자고상현유불식(自古上賢猶不識)
조차범류기가명(造次凡流豈可明)
본래부터 같이 살되 이름자도 모르고
되는 대로 어울리며 이렇게 살아갈 뿐
옛부터 성현들도 오히려 몰랐거늘
하찮은 범부들이 그 어찌 알겠는가.

뒤에 예주의 약산(藥山)에 머무니 대중들이 운집하여 선풍(禪風)을 떨쳤다. 당(唐) 문종(文宗) 태화(太和) 8년에 큰 소리로 "법당이 넘어간다! 법당이 넘어간다!" 하므로 대중들이 모두 나와 큰 기둥으로 법당을 버티었다. 그러자 스님이 "너희들이 내 뜻을 모르는구나." 하고는 곧 입적하다.

3
피부탈락진(皮膚脫落盡)

이 말은 원래 『대반열반경』 35권에 나오는 말. "큰 마을 앞에 사라나무 숲이 있고 그 가운데 한 나무가 숲보다 몇 백 년 먼저 나서 자랐다. 그 때에 숲의 주인이 물을 주며 철따라 가꾸었는데, 그 나무가 오래 되어서 껍질과 가지와 잎은 다 떨어지고 굳은 고갱이만 남아있었다. 여래(如來)도 그와 같아서 낡은 것은 모두 떨어져 없어지고 오직 진실한 법만 남아 있다."고 하였다.

4
사바(娑婆)

범어 sahā의 음역. 인토(忍土), 감인세계(堪忍世界)라 번역. 우리가 살고 있는 이 세계를 말함. 이 세계의 중생들은 십악(十惡)을 참고 견디어야 하며 중생들 사이에서 참고 견디지 않으면 살아갈 수 없다는 뜻. 또는 보살이 중생교화를 위하여 수고를 견디어 받는다는 뜻으로 감인세계라 한다.

色不異空

색불이공

마음으로 바깥 경계를 관觀해 보면 경계의 모든 존재有가 공空하고, 사물을 볼 때에 문득 볼 줄 아는 것見이 공하니, 마음이 바로 공한 것이다.

중생의 법성法性이 다만 눈앞에 있으면서 사물에 응하고 모양을 나타내게 되어 긴 것은 길게 나타내고 짧은 것은 짧게 나타내지만, 모난 것은 모난 대로 공하고 둥근 것은 둥근 대로 공하며 흰 것은 흰 대로 공하고 노란 것은 노란 대로 공하며 작은 것은 작은 대로 공하고 큰 것은 큰 대로 공하며 먼 것은 먼 대로 공하고 가까운 것은 가까운 대로 공하였다.

자기의 몸을 돌이켜 관觀해 보면 이것은 색色일 뿐이며, 색은 바로 공한 것이니 갖가지 모양을 나타내지만 갖가지 모양도 바로 공한 것이다.

환화幻化 같은 빈 몸뚱이空身 그대로가 법신이며
법신을 깨달으면 한 물건도 없으니
본래의 내 성품이 천진한 부처라네.

보공寶公이 이르시되 "모양 있는 몸 가운데 모양 없는 몸이 있다."고 하였다.
알겠는가?

비에 젖은 붉은 복사 꽃잎이 여리고
바람 맞은 푸른 버들 실낱처럼 가볍구나.

以心觀境 境上有空 見色便見空 心卽是空 衆生法性 只在目前 應物現
이심관경 경상유공 견색변견공 심즉시공 중생법성 지재목전 응물현
形 長者長形 短者短形 方者方空 圓者圓空 白者白空 黃者黃空 小者小
형 장자장형 단자단형 방자방공 원자원공 백자백공 황자황공 소자소
空 大者大空 遠者遠空 近者近空 反觀自己 是色 色卽是空 應現種種相
공 대자대공 원자원공 근자근공 반관자기 시색 색즉시공 응현종종상
種種相卽是空 幻化空身卽法身 法身覺了無一物 本源自性天眞佛. 寶公
종종상즉시공 환화공신즉법신 법신각료무일물 본원자성천진불 보공
道 有相身中無相身. 會麽. 雨洗淡紅桃萼嫩 風搖淺碧柳絲輕.
도 유상신중무상신 회마 우세담홍도악눈 풍요천벽류사경

법성(法性)
항상 변하지 않는 법의 참다운 성(性), 만유의 본체. 진여(眞如), 실상(實相), 법계성(法界性)이라고도 한다.

2
환화(幻化)

환(幻)은 없다가 갑자기 나타나는 영상(影像), 화(化)는 어떤 상태가 전혀 다른 상태로 되는 것. 여러 인연이 모여 생긴 것으로 실체도 자성도 없고 이름만 있는 것에 비유한다. 환몽(幻夢)과 같음. 환화공신즉법신(幻化空身卽法身)~ 云云은 영가(永嘉) 선사의 『증도가』에 나오는 구절.

3
법신(法身)

빛깔도 형상도 없는 본체신(本體身). 법계(法界)의 이(理)와 일치한 부처님의 진신(眞身), 진여(眞如)의 본바탕.

4
천진불(天眞佛)

법신불(法身佛)의 다른 이름. 법신은 천연의 진리이며 우주의 본체이므로 천진불이라 한다.

5
유상신중무상신(有相身中無相身)

보공(寶公)의 십이시송(十二時頌)에 나오는 구절.

일남오(日南午)

사대신중무가보(四大身中無價寶)

양염공화불긍포(陽焰空華不肯抛)

작의수행전신고(作意修行轉辛苦)

부증미 막구오(不曾迷 莫求悟)

임이조양기회모(任爾朝陽幾廻暮)

유상신중무상신(有相身中無相身)

무명로상무생로(無明路上無生路)

한낮의 정오여!

사대로 된 몸 가운데 값진 보배 들었으니
아지랑이 허공꽃을 내버리지 말지어다.
뜻을 내어 수행하면 괴로움만 더하리라.
미혹함이 없었으니 깨달음을 구할손가.
아침 해는 몇 번이나 떴다가 저물었나.
모양 있는 몸 가운데 모양 없는 몸 있으며
무명번뇌 그 가운데 무생(無生)의 길이 있네.

6

우세담홍도악눈(雨洗淡紅桃萼嫩)~

보봉 유조(寶峰惟照) 선사(1084~1128)가 자신의 초상(肖像)에 스스로 다음 게송을 써넣었다.

우세담홍도악눈(雨洗淡紅桃萼嫩)
풍요천벽류사경(風搖淺碧柳絲輕)
백운영리괴석로(白雲影裏怪石露)
녹수광중고목청(綠水光中枯木淸)

비에 젖은 붉은 복사 꽃잎이 여리고
바람 맞은 푸른 버들 실낱처럼 가볍구나.
흰 구름의 그림자에 괴석 모양 드러나고
푸른 물에 고목의 맑은 모습 어리었네.

空不異色

공불이색

 색色과 공空이 한 가지인데 범부들은 두 가지로 보며, 모든 불보살들은 언제나 평등의 지혜를 내어 분별의 모양을 내지 않으므로 과거 현재 미래의 모든 불보살이 모두 공하고 서천西天의 이십팔대二十八代 조사들과 동토東土의 육대六代 조사들도 모두 공하며 사성四聖과 육도六道의 중생들도 역시 공하여 위로는 모든 부처님으로부터 아래로는 땅강아지나 개미에 이르는 미물까지도 각각 본래 모두 공인 것이다.

 다만 중생들이 집착하여 이 공을 알지 못하고 자기 자신을 미혹하여 바깥의 사물을 좇아서 경계 따라 이리저리 굴러다니며 근본인 하나로 돌아가지 못하니, 기틀과 소견이 서로 달라서 색이다 공이다 하는 두 가지 견해에 떨어지게 된 것이다.

어느 누구든 여기에서 확철히 공을 깨닫게 되면 몸과 마음이 평등하고 안과 밖이 다른 것이 없으며 공도 색도 보지 않게 되어 사물의 끄달림을 받지 않게 되니, 평등한 법계에 어찌 다시 두 가지가 있으리오. 알겠는가?

한 법도 보지 않는 그분이 여래이며
그것을 이름하여 '관자재'라 부른다네.

色與空一種 凡夫見兩般 諸佛菩薩 常行平等智 不生分別相 三世諸佛
색여공일종 범부견양반 제불보살 상행평등지 불생분별상 삼세제불
菩薩 亦是空 二十八祖 六代祖師 亦是空 四聖六凡 亦是空 上至諸佛
보살 역시공 이십팔조 육대조사 역시공 사성육범 역시공 상지제불
下至螻蟻 各各本來摠是空. 只爲衆生執着 不知是空 迷己逐物 隨物流
하지루의 각각본래총시공 지위중생집착 부지시공 미기축물 수물유
轉 不能歸一 機見不同 有色有空 墮落二見. 若人於此 廓徹悟空 平等
전 불능귀일 기견부동 유색유공 타락이견 약인어차 확철오공 평등
身心 內外無餘 不見空色 不被物轉 平等法界 何更有二. 會麽. 不見一
신심 내외무여 불견공색 불피물전 평등법계 하갱유이 회마 불견일
法卽如來 方得名爲觀自在.
법즉여래 방득명위관자재

1
삼세(三世)
과거, 현재, 미래, 또는 전세(前世), 현세(現世), 내세(來世).

2
이십팔조(二十八祖)
부처님의 법을 전해 받은 가섭(迦葉) 존자로부터 계계승승 전하여 보리

1 1
2 ▶ 2
2 3

달마(菩提達磨) 스님까지 인도 선종의 조사들이 28대가 되므로 이십팔조라 한다.

3
육대 조사(六代祖師)

달마 스님이 동토(東土)인 중국에 와서 다시 법을 전하여 혜가(慧可)·승찬(僧璨)·도신(道信)·홍인(弘忍)·혜능(慧能) 스님까지 차례로 6대를 전해 왔으므로 육대 조사라 한다.

4
사성육범(四聖六凡)

사성(四聖)은 불(佛)·보살(菩薩)·연각(緣覺)·성문(聲聞)을 말하며, 육범(六凡)은 지옥·아귀·축생·아수라·인간·천상의 육도(六道)중생을 말한다. 사성 육범을 합하여 십계(十界)라 한다.

5
이견(二見)

상대적인 소견을 말함. 범부와 성현, 생사와 열반, 공과 색, 시(是)와 비(非), 선(善)과 악(惡) 등등.

6
여래(如來)

범어 tathāgata. 부처님의 열 가지 명호 가운데 하나. 여실(如實)한 진리에 수순하여 이 세상에 오시어 진리를 보여 주시는 분. 진리[如]로서 이 세상에 오신[來] 분이라는 뜻.

色卽是空

색즉시공

눈은 색色이니 능히 보지 못하고 다만 진공眞空이 능히 보는 것이며, 귀는 색이니 능히 듣지 못하고 다만 진공이 능히 듣는 것이며, 코는 색이니 능히 냄새 맡지 못하고 다만 진공이 능히 냄새 맡는 것이며, 혀는 색이니 능히 말하지 못하고 다만 진공이 능히 말하는 것이며, 몸뚱이는 색이니 능히 감촉을 느끼지 못하고 진공이 능히 감촉을 느끼는 것이며, 발은 색이니 능히 걸어다니지 못하고 다만 진공이 능히 걸어다니는 것이며, 손은 색이니 능히 주먹을 쥐지 못하고 다만 진공이 능히 주먹을 쥐는 것이니, 눈 없는 것이 능히 보고 귀 없는 것이 능히 들으며 코 없는 것이 능히 냄새 맡고 혀 없는 것이 능히 말하며 다리 없는 것이 능히 걸어다니고 손 없는 것이 능히 주먹을 쥐는 것이다.

의근意根이라는 것은 이름만 있고 형상이 없지만 그것이 나누어져 팔만 사천으로 보고 듣고 느끼고 알며, 그것이 모두 육근六根으로 돌아가서 온몸에 두루 번갈아 바뀌면서 작용하면 이것을 신통묘용神通妙用이라 하는 것이다.

옛사람이 이르기를 "온 몸이 통째로 이것이며, 온 몸이 모두 이것이다."라고 하였다.

색色이 바로 공空인 줄 알면 또한 공이 바로 색이니 색과 공이 서로 다르지 않은 진공의 묘한 이치眞空妙理인 것이다.

그래서 말하기를 "색色을 색이라 하면 참다운 색이 아니요, 공空을 공이라 하면 참다운 공이 아니다."라고 하였다.

모든 것이 대공大空 · 필경공畢竟空 · 자성공自性空 · 본성공本性空 · 공공空空 · 불가득공不可得空으로 돌아가지만 이십공문二十空門이 원래 있는 것이 아니다.

일러보아라! 여기에 이르게 되면 도대체 이런 것이 무엇일까?

언제나 강남땅 삼월을 생각하면
자고새 우는 곳에 온갖 꽃이 싱그럽네.

眼是色不能見 只是眞空能見 耳是色不能聞 只是眞空能聞 鼻是色不能嗅
안시색불능견 지시진공능견 이시색불능문 지시진공능문 비시색불능후

只是眞空能嗅 舌是色不能說 只是眞空能說 身是色不能覺觸 只是眞空能
지시진공능후 설시색불능설 지시진공능설 신시색불능각촉 지시진공능

覺觸 脚是色不能行 只是眞空能行 手是色不能行拳 只是眞空能行拳 無
각촉 각시색불능행 지시진공능행 수시색불능행권 지시진공능행권 무

眼能見 無耳能聽 無鼻能嗅 無舌能談 無脚能行 無手能行拳. 意根有名無
안능견 무이능청 무비능후 무설능담 무각능행 무수능행권 의근유명무

形 分爲八萬四千 見聞覺知 惣歸六根 遍身互換 神通妙用. 古云 通身是
형 분위팔만사천 견문각지 총귀육근 변신호환 신통묘용   고운 통신시

遍身是. 會得色卽是空 空卽是色 色空不異 眞空妙理. 所以道 色可色非眞
변신시 회득색즉시공 공즉시색 색공불이 진공묘리 소이도 색가색비진

色 空可空非眞空. 惣歸大空 畢竟空 自性空 本性空 空空 不可得空 二十
색 공가공비진공 총귀대공 필경공 자성공 본성공 공공 불가득공 이십

空門 元不有. 且道 到這裏似箇什麽 常憶江南三月裏 鷓鴣啼處百花新.
공문 원불유 차도 도저리사개십마 상억강남삼월리 자고제처백화신

1
진공(眞空)

원만히 이루어진 진여는 유(有)에 대한 상대적인 공이 아니라 일체 미혹한 집착으로 보는 상(相)을 여읜 곳에 나타나는 묘한 이치[妙理]이므로 진공이라 한다. 유(有) 아닌 유를 묘유(妙有)라 함에 대하여 공 아닌 공을 진공이라 한다.

2
통신시 변신시(通身是 遍身是)

설봉(雪峰) 스님이 대중에게 법문을 할 때 "밥통 옆에서 굶어 죽는 이가 수두룩하고 물가에서 목말라 죽은 이가 무수하도다." 하니,

현사(玄沙) 스님이 "밥통 안에서 굶어 죽은 이가 수두룩하고 물속에 빠져서도 목말라 죽은 이가 무수합니다." 하였다.

이에 운문(雲門) 스님은 "온 몸이 밥이요(通身是), 온 몸이 물입니다(遍身是)."라고 하였다.

3
색가색비진색(色可色非眞色)~

승조(僧肇)의 『보장론(寶藏論)』에 나오는 구절.

4
대공(大空)

물질적인 모든 현상은 지(地)·수(水)·화(火)·풍(風)의 사대(四大)로 이루어진 가설(假說)로 참다운 성품이 없는 것을 말한다.

5
필경공(畢竟空)

이 공은 유(有)에 대한 단공(單空)이 아니고, 우리가 생각하는 것과 같은 상대적인 공을 다시 공한 절대 부정의 공. 이 일체의 공마저도 공하였다는 것을 필경공이라 한다.

6
자성공(自性空)

모든 법에는 공통적인 일반성과 또 각각 특수한 개성을 갖고 있으나 이러한 모든 것이 어느 편으로 보아도 공하므로 이것을 자성공이라 한다.

7
본성공(本性空)

본래부터 갖추어져 있는 본성이 공한 것.

8
공공(空空)

육근(六根)·육경(六境)과 거기에 의지한 나(我)와 나의 소유[我所]는 모두 실체가 없고 자성이 없는 공한 것인데 그 공도 또한 공한 것을 말한다.

9
불가득공(不可得空)

무소유공(無所有空)이라고도 하며 말과 생각이 모두 끊어진 곳에 세우는 공. 만유의 진상(眞相)은 유(有)도 아니고, 우리가 생각하는 것과 같은 공도 아니다. 이 말이나 생각이 미칠 수 없는 그것을 부득이 거짓으로 공이라는 이름을 붙여서 불가득공이라 한다.

이십공문(二十空門)

대반야경(大般若經)에 있는 이십공(二十空). 내공(內空), 외공(外空), 내외공(內外空), 공공(空空), 대공(大空), 소공(小空), 승의공(勝義空), 유위공(有爲空), 무위공(無爲空), 필경공(畢竟空), 무제공(無際空), 산공(散空), 무변이공(無變異空), 본성공(本性空), 자상공(自相空), 공상공(共相空), 일체법공(一切法空), 불가득공(不可得空), 무성공(無性空), 자성공(自性空).

상억강남삼월리(常憶江南三月裏)~

풍혈(風穴) 선사에게 어느 스님이 묻기를 "말하거나 침묵하면 두 가지 가운데 한 쪽에 걸리게 되니 어떻게 하여야 범(犯)하지 않고 두루 통하겠습니까?" 하니, 선사가 이르기를 "언제나 강남의 삼월을 생각하면 자고새 우는 곳에 온갖 꽃이 향기롭다(常憶江南三月裏 鷓鴣啼處百花香)." 고 하였다. [이 주해서에서는 향(香)을 신(新)으로 변용(變用)하였다.]

空卽是色

공즉시색

모든 불보살들은 시방세계를 보더라도 다만 하나의 허공계일 뿐이니 평등하여 둘이 아니고, 중생들은 모양에 집착하여 이것저것 분별을 내어 갖가지 모양을 보게 되니 소리를 따르고 물질을 좇아가며 태胎 속에 드나들면서도 나고 죽는 것을 깨닫지도 알지도 못하는 것이다.

　　성현들은 색이다 공이다 하여 둘로 보지 않으므로 안과 밖의 분별이 없어져서 언제나 스스로 적멸한 모습이다.

　　광명이 밝게 빛나 항하사恒河沙세계에 두루 비치거늘 진여의 미묘한 이치眞如妙理가 어찌 색色과 공空의 두 글자에 있으리오?

　　공과 색도 모두 얻을 수 없는 것이다.

　　알겠는가?

공도 또한 없거니와 색도 또한 없으니

포대화상 얼씨구나 습득을 만났도다.

諸佛菩薩 見十方世界 只是一空界 平等無二 有情無情 著相分別 見
제불보살 견시방세계 지시일공계 평등무이 유정무정 착상분별 견

種種相 隨聲逐色 出胎入胎 不覺不知 聖賢不見有色有空 內外無分別
종종상 수성축색 출태입태 불각부지 성현불견유색유공 내외무분별

常自寂滅相. 光明動耀 遍周沙界 眞如妙理 安色空兩字. 俱不可得. 會
상자적멸상 광명동요 변주사계 진여묘리 안색공양자 구불가득 회

麽. 亦無空 亦無色 布袋和尚逢拾得.
마 역무공 역무색 포대화상봉습득

포대(布袋) 화상(?~916)

중국 후량(後梁)시대의 스님. 이름은 계차(契此). 명주(明州) 봉화현(奉化縣)에 살았다. 몸이 뚱뚱하며 이마는 주름지고 배는 늘어져 이상한 모양을 하였고 아무데서나 눕고 자곤 하였다. 언제나 지팡이에 자루를 걸어메고 그 속에 무엇이든 얻어서 넣고 다니며 나누어주곤 하였으므로 포대(布袋) 스님 또는 장정자(長汀子)라고 별호(別號)하였다. 사람들의 길흉화복을 말하면 맞지 않는 일이 없었다 한다. 다음 게송은 그의 평생을 짐작케 한다.

일발천가반(一鉢千家飯)

고신만리유(孤身萬里遊)

청안도인소(靑眼覩人少)

문로백운두(問路白雲頭)

바릿대 하나로 이 집 저 집 밥을 빌며

외로운 몸이 되어 만 리를 떠도네.
반겨하는 눈으로 바라보는 사람 없어
흘러가는 흰 구름에 갈 길을 물어본다.

양(梁)나라 정명(貞明) 2년(916년) 3월에 명주 악림사의 동쪽 행랑 밑 반석 위에 단정히 앉아 다음 게송을 남기고는 입적하였다.

미륵진미륵(彌勒眞彌勒)
분신천백억(分身千百億)
시시시시인(時時示時人)
시인자불식(時人自不識)
미륵도 참다운 미륵 부처가
천백억 모양으로 몸을 나투어
때때마다 사람들께 보여 주건만
사람들이 스스로 알지 못하네.

그 후에 사람들은 포대 화상을 미륵보살의 화현(化現)이라 하여 그 모양을 그려서 존경하며 받드는 사람이 많았다고 한다.

2
습득(拾得)

중국 당나라 때 스님. 천태산(天台山) 국청사(國淸寺)에 살았다. 풍간(豊干)이 적성도(赤城道) 곁에서 주워 온 작은 아이이므로 습득(拾得)이라 불렀다. 언제나 한산(寒山)과 어울려 다녔으며 기행(奇行)을 하였다. 어느 날 마당을 쓰는데 그 절의 주지스님이 "자네는 풍간이 주워왔기에 습득(拾得)이라 부르는데 진짜 성(姓)이 무엇인가?" 하니, 습득이 비를 던지고 두 손을 모으고 섰거늘, 다시 "자네 진짜 성이 무엇인가?" 하니, 습득은 비를 들고 가버렸다. 한산이 멀리서 보고는 "아이고! 아이고!" 하고 곡(哭)을 하니, 습득이 "왜 그러나?" 하고 물으니, 한산이 "동쪽 집 사람이 죽었는데 서쪽 집 사람이 슬픔을 돕느라고 그런다네." 하고는, 둘이서 울었다 웃었다 하면서 가버렸다는 등의 설화가 있다. 그의 다음 시는 그의 생애를 짐작케 한다.

종래시습득(從來是拾得)
불시우연칭(不是偶然稱)
별무친권속(別無親眷屬)
한산시아형(寒山是我兄)
양인심상사(兩人心相似)
수능순속정(誰能徇俗情)
약문년다소(若問年多少)
황하기도청(黃河幾度淸)

습득이란 내 이름은 주워왔단 뜻이니
처음부터 우연히 불려진 것 아니다.
권속이니 일가친척 따로이 있지 않고
한산만이 오로지 내가 아는 형이라네.
두 사람의 마음이 서로가 결맞으니
세속의 인정으로 비길 수가 있으리오.
네 나이 몇 살이냐 묻는 사람 있다면
황하수 몇 번이나 맑아진 것 보았던가!

어느 날 태주자사(台州刺史) 여구윤(閭丘胤)이 찾아갔더니 한산이 "이 도적놈아! 물러가라" 하면서, 습득과 둘이 굴 속으로 들어간 뒤로는 종적을 알 수 없다고 한다. 여구윤이 한산·습득·풍간 세 사람의 시를 3권으로 모았는데 이를 『한산시(寒山詩)』라 하였다. 세상 사람들이 한산은 문수보살, 습득은 보현보살의 화현(化現)이라 하였다.

受想行識
수상행식

눈이 있으므로 말미암아 색色을 받아들이게受 되고 색을 감수하여 상상想하게 되며 상상하므로 행行을 하게 되고 행으로 말미암아 식識을 갖게 되며 식으로 말미암아 육근六根이 있게 되고 육근이 있으므로 육진六塵이 있게 되며 육진이 있으므로 육식六識이 있게 되고 육식이 있으므로 모두 십팔계十八界를 이루며 십팔계가 있으므로 사대四大 오온五蘊이 있게 되고 사대·오온이 있으므로 육십이견六十二見을 일으키게 되며, 육십이견을 일으키므로 팔만 사천의 온갖 차별한 모양과 이름을 일으켜서 소리를 따르고 색色에 끄달리며 생사의 세계에 떠돌아다니면서 마침내 그칠 수가 없게 되는 것이다.

만일 생사를 끊고 윤회를 쉬고자 한다면 한 뿌리根를 좇아서 비추어보면 사대·오온이 깨끗이 다 사라져서 모든 것이 텅 비어 '나'라는 것이 없어지고 그 자리에서 바로 공적하게 되리라.

곧바로 공겁이전空劫以前의 자기를 알게 되면 고요하면서도 항상 밝게 비추며 비추면서도 항상 고요하고 고요하면서도 고요한 바가 없으며, 오직 공적한 자리에서 보지만 공하여도 공한 바가 없게 되니 팔만 사천의 온갖 번뇌 망상이 한꺼번에 쉬어지게 되리라.

'나'라는 것도 공하고 경계도 공하니 나와 경계의 두 가지가 본래 같은 것이다.

알겠는가?

부처나 조사 지위 아랑곳하지 않고
밤이 되면 옛날처럼 갈대꽃에 잠든다.

因有眼故 便受其色 因有色故 便受其想 因有想故 便受其行 因有行
인유안고 변수기색 인유색고 변수기상 인유상고 변수기행 인유행
故 便受其識 因有識故 便受六根 因有六根 便受六塵 因有六塵 便受六
고 변수기식 인유식고 변수육근 인유육근 변수육진 인유육진 변수육
識 因有六識 共成十八界 因有十八界 便有四大五蘊 因有四大五蘊 便
식 인유육식 공성십팔계 인유십팔계 변유사대오온 인유사대오온 변
起六十二見 旣起六十二見 便起八萬四千差別名相 隨聲逐色 流浪生死
기육십이견 기기육십이견 변기팔만사천차별명상 수성축색 유랑생사
終無止住. 若要生死斷輪廻息 但從一根照破 令四大五蘊淨盡 廓然無
종무지주 약요생사단윤회식 단종일근조파 영사대오온정진 확연무
我 當下空寂. 直下承當空劫以前自己 寂而常照 照而常寂 寂無所寂 唯
아 당하공적 직하승당공겁이전자기 적이상조 조이상적 적무소적 유
見於空 空無所空 八萬四千塵勞妄想 一時頓息. 人亦空 法亦空 二相本
견어공 공무소공 팔만사천진로망상 일시돈식 인역공 법역공 이상본

來同. 會麽. 佛祖位中留不住 夜來依舊宿蘆花.
래동 회마 불조위중유부주 야래의구숙로화

1

십팔계(十八界)

육식(六識), 육근(六根), 육진(六塵)을 모두 합하여 십팔계라 한다.

십팔계	안계	이계	비계	설계	신계	의식계
(十八界)	(眼界)	(耳界)	(鼻界)	(舌界)	(身界)	(意識界)
육식	안식	이식	비식	설식	신식	의식
(六識)	(眼識)	(耳識)	(鼻識)	(舌識)	(身識)	(意識)
	(보고)	(듣고)	(냄새맡고)	(맛보고)	(감촉하고)	(인식함)
육근	눈	귀	코	혀	몸	뜻
(六根)	(眼)	(耳)	(鼻)	(舌)	(身)	(意)
육진	빛	소리	냄새	맛	감촉	대상경계
(六塵)	(色)	(聲)	(香)	(味)	(觸)	(法)

2

육십이견(六十二見)

외도(外道)들의 여러 주장을 분류하여 62종으로 나눈 것. 오온 가운데 색(色)에 4종의 견(見)[① 색(色)은 크고 나는 작다. 그러므로 나는 색 가운데 있다. ② 나는 크고 색은 작다. 그러므로 색은 나의 가운데 있다. ③ 색을 여의고 따로 내가 있다. ④ 색에 바로 내가 있다]을 일으키고, 수(受)·상(想)·행(行)·식(識)에도 그러하여 합하면 20견(見)이 되고, 과거·현재·미래의 삼세에 각각 있으니 60견(見)이 된다. 여기에 단(斷)과 상(常)의 2견을 합하여 62견(見)이 된다. [단견(斷見)이란 사람이 죽으면 몸과 마음이 아주 없어진다는 소견, 단절된 견해. 상견(常見)은 이 몸이 죽었다가는 다시 태어나서 끝없이 지금의 상태를 유지한다는 소견, 또는 상존한다는 견해].

3
공겁이전(空劫以前)

천지가 생기기 전이라는 말이니, 본래면목(本來面目)을 뜻함.

4
인역공 법역공(人亦空 法亦空)

인공(人空)과 법공(法空). 인공은 오온이 화합하여 이루어진 몸을 마치 실아(實我)가 있는 듯이 생각하는 아집(我執)이 공한 것. 법공은 물질과 정신의 모든 법은 인연이 모여 생긴 존재로서 실체(實體)가 없는 것으로 만유의 체가 공한 것을 말한다.

5
불조위중유부주(佛祖位中留不住) ~

불안 청원(佛眼淸遠)(1065~1120) 선사의 다음과 같은 송(頌)이 있다.

취면성와불귀가(醉眠醒臥不歸家)
일신류락재천애(一身流落在天涯)
불조위중유부주(佛祖位中留不住)
야래의구숙로화(夜來依舊宿蘆花)

취해 자고 깨면 누워 집에 가지 않고서
이 한 몸이 천지간에 덧없이 헤매이니
부처나 조사 지위 아랑곳하지 않고
밤이 되면 옛날처럼 갈대꽃에 잠든다.

※

백장(百丈) 선사의 회상(會上)에 어떤 노인이 나타나서 말하기를 "나는 옛날 이 곳에 살았던 수행자였는데, 누가 묻기를 '크게 수행한 사람도 인과(因果)에 떨어집니까?' 하기에, '인과에 떨어지지 않는다(不落因果).'고 대답하여 그 과보로 오백 세 동안이나 여우 몸을 받았는데 무슨 잘못이 있습니까?" 하고 물었다. 이에 백장 선사가 "그러면 그와 같이 다시 물어보라." 하므로, "크게 수행한 사람도 인과에 떨어집니까?" 하고 물으니, "인과에 어둡지 않느니라(不昧因果)." 하고 답하였다. 이 말을 듣고 깨달은 바 있어 노인은 여우의 신세를 면하게 되었다는 공안(公案)이 있다. 위의 게송은 여기에 대해 불안 선사가 붙인 착어(着語)이다.

亦復如是

역부여시

이미 '나'라는 것이 없으므로 만법이 모두 없어져서 모든 것이 공으로 돌아가니 이것을 '만 가지 법이 하나로 돌아간다萬法歸一.'고 하며 '두 가지 견해에 떨어지지 않는다.'고 하는 것이다.

여기에 이르게 되면 말 길이 끊어지고 마음 나아갈 곳이 없으니 생각 일으키면 이미 어긋나고 이리저리 맞추어보려 해도 벌써 그르치게 된다.

문수文殊와 정명淨名이 둘이 아닌 법不二法을 서로 이야기 하였다. 어떤 것이 둘이 아닌 법인가?

움직이지도 멈추지도 말아라.

움직이어도 멈추어도 서른 방망이를 후려치리라.

알겠는가?

때까치가 쉬지 않고 가지에서 지저귀니

봉황새가 어찌 함께 깃들 수가 있겠는가.

|

既無我故 萬法皆無 惣歸於空 喚作萬法歸一 不落第二見. 到這裏 言語
기무아고 만법개무 총귀어공 환작만법귀일 불락제이견 도저리 언어
道斷 心行處滅 動念卽乖 安排卽錯. 文殊與淨名 對談不二 如何是不二.
도단 심행처멸 동념즉괴 안배즉착 문수여정명 대담불이 여하시불이
不得動着 動著三十棒. 會麽. 百舌未休枝上語 鳳凰那肯共同棲.
부득동착 동착삼십방 회마 백설미휴지상어 봉황나긍공동서

|

1

문수(文殊)

범어 Mañjuśrī며, 문수사리(文殊舍利)라 음역. 줄여서 문수라 한다. 문수는 묘(妙)하다는 뜻이며, 사리는 덕(德)·길상(吉祥)이라는 뜻. 보현(普賢) 보살과 함께 석가모니 부처님의 보처(補處)로서 왼쪽에 있으면서 지혜를 맡음. 이 보살은 벌써 성불하신 부처로서 석존(釋尊)의 교화를 돕기 위하여 일시적인 방편으로 보살의 자리에 있다고 한다.

2

정명(淨名)

범어 Vimalakīrti. 음대로 써서 비마라힐(毘摩羅詰) 또는 유마라힐(維摩羅詰)이라 하고 줄여서 '유마힐' 또는 '유마'라고도 한다. 뜻으로 번역하면 정명(淨名)·무구칭(無垢稱)이니 '깨끗한 이름'이라는 뜻. 부처님 당시에 인도의 비사리성(毘舍利城)에 살던 부처님의 재가(在家) 제자로 보살의 행업(行業)을 닦아 크게 교화하였다. 그 수행이 뛰어나서

부처님의 제자들도 미칠 수 없었다 한다.

3
불이법(不二法)

모든 법이 둘이 아닌 이치. 상대차별을 떠나서 절대평등의 이치를 드러내는 법. 『정명경(淨名經)』(일명 『유마경』)의 「입불이법문품(入不二法門品)」에 유마 거사가 병들어 누우니 부처님 제자들이 문병을 하는데 둘이 아닌 이치[不二法]에 대하여 여럿이 돌아가면서 말하는데, 유마 거사와 문수보살이 32가지의 불이법을 문답했다. 마지막으로 문수보살은 "불이법은 말할 수 없다."고 하였는데, 유마 거사는 아무 말도 하지 않고 가만히 침묵하였다. 그리하여 모두 "유마 거사가 둘이 아닌 법을 가장 잘 연설한다."고 칭찬하였다. 이것은 『유마경』의 주요 내용이다.

4
삼십방(三十棒)

방(棒)이란 선종의 종장(宗匠)이 배우는 이들을 깨우쳐 주기 위하여 방망이로 내리치는 수단. 칭찬하거나 물리치는 두 가지 뜻이 있다.

舍利子
사리자

모든 번뇌 망상이 다 사라져 적멸로 돌아가면 삼계(三界)를 벗어나서 천지가 능히 걸리지 않고 법계의 밖을 저 멀리 벗어나 자유자재하며 다시는 근심 걱정이 없으므로 '사리자'라고 하는 것이다.

앞에서도 해석을 하였다.

諸漏已盡 以歸寂滅 求出三界 天地不能拘 逈超法界外 自在更無憂
제루이진 이귀적멸 구출삼계 천지불능구 형초법계외 자재갱무우

名曰舍利子. 前解釋竟.
명 왈 사리자 전 해 석 경

1
누(漏)

범어 āsrava. 번뇌의 다른 이름. 누(漏)는 샌다, 흐른다는 뜻으로 번뇌는 육근을 통하여 밤낮 그칠 사이 없이 새어 나가므로 누(漏)라 한다.

2
전해석경(前解釋竟)

이 앞(p.115 舍利子 1번 注 참조)에서 이미 해석하였다는 말. 앞에서는 사리자를 글자 그대로 사(舍)와 리자(利子)로 축자(逐字)하여 집과 주인의 관계를 들어 해석하고, 여기서는 뜻으로 풀이하여 사리자(Śāriputra)는 추로자(鶖鷺子)이니 삼계를 초월하여 해탈한 적멸의 경지를 '추로'라는 큰 새가 천지에 얽매이지 않고, 법계를 벗어나 유유자적하는 모습을 비유하여 은근히 연상케 하는 미묘한 해석이다.

※

이 반야심경 주해는 밀다(蜜多), 사리자(舍利子) 등의 음역을 그대로 축자(逐字) 해석을 한 점이 특이하다. 문법이나 어원(語源) 등을 중요시하는 전형적인 교가(教家)의 입장에서 보면 이러한 해석이 무리일지 모르지만, 문자는 반야 자체가 아니라 반야를 드러내는 수단으로 쓰여짐을 상기할 필요가 있다. 이 주해는 단순히 『반야심경』을 사전적(辭典的)으로 해석을 하고 있는 것이 아니라 대전 선사 스스로 체험한 반야를 『반야심경』의 구절구절마다에 글자를 따르기도 하고 뜻을 취하기도 하면서 자유롭게 표현하고 있다고 보아야 할 것이다.

是諸法空相

시제법공상

■

과거의 모든 부처님들이 한결같이 공을 말씀하시니 다만 중생들이 곧바로 이 공의 이치를 깨닫지 못하므로 온갖 방편과 갖가지 거짓이름假名으로 중생들을 인도하여 모두 공적으로 돌아가게 하신 것이다.

만일 이 말이 믿어지지 않거든 고요히 앉아서 돌이켜 살펴보아라. 이 오온을 비추어보면 참으로 아무것도 있는 바가 없어서 자연히 '나'라는 것이 공하게 된다. 이미 주관인 내가 공하면 객관인 모든 경계도 공하여져서 나와 경계가 모두 공하게 되니 자연히 모든 것을 쉬고 쉬게 되리라.

경에 이르시되 "이 나의 몸이 본래에 있는 것이 아니거늘 미워하고 사랑함이 무엇 때문에 생기겠는가?"라고 하였다.

이런 경지에 이르게 되면 자연히 모든 것을 놓아버리게 되어 부처를 이룰 것도 없고 생사를 끊을 것도 없으며 열반을 증득할 것도 없으니 부처님 지위인 등각等覺·묘각妙覺의 경지인 것이다.

만일 다시 털끝만큼이라도 가히 깨달을 것이 있고 닦을 것이 있다면 생사의 세계에 떨어져 한량없는 세월 동안 윤회의 괴로움에 빠지게 되며, 만약 근본 바닥까지 능히 밝게 사무치게 되면 기댈 것도 의지할 것도 없게 되어 곧바로 이 세계 생기기 전의 원만하고도 밝고 밝은 소식을 알게 되리라.

알겠는가?

사람도 없거니와 부처도 없으니
삼천대천 세계는 바닷속의 물거품
그 모든 성현들도 번갯불과 다름없네.

從上諸佛 一味談空 只爲衆生 直下是空 擔負不行 起百種方便 種種假
종상제불 일미담공 지위중생 직하시공 담부불행 기백종방편 종종가

名 引導有情無情 皆歸空寂. 若信未及 但去靜坐反照 照見五蘊 實無
명 인도유정무정 개귀공적 약신미급 단거정좌반조 조견오온 실무

所有 自然人空. 旣得人空 其法亦空 人法俱空 自然休去歇去. 經云 我
소유 자연인공 기득인공 기법역공 인법구공 자연휴거헐거 경운 아

身本不有 憎愛何由生. 到這裏 自然放下 無佛可做 無生死可斷 無涅
신본불유 증애하유생 도저리 자연방하 무불가주 무생사가단 무열

槃可證 圓頓之位 等覺妙覺之地. 若更有絲毫 可證可修 則墮生死界
반가증 원돈지위 등각묘각지지 약갱유사호 가증가수 즉타생사계

永劫受沈輪. 若能徹底 無依無倚 直下承當空劫 圓陁陁光爍爍. 會麽.
영겁수침윤 약능철저 무의무의 직하승당공겁 원타타광삭삭 회마

亦無人 亦無佛 大千沙界海中漚 一切聖賢如電拂.
역무인 역무불 대천사계해중구 일체성현여전불

1
가명(假名)

범어 prajñapti의 번역 ① 거짓으로 이름을 붙인다는 뜻. 온갖 사물의 이름은 본래부터 있는 것이 아니고 후천적으로 가정하여 붙인 대명사이며 모든 이름은 실체가 아닌 가정(假定)한 이름에 불과하다는 것. ② 이름을 빌려서 차별을 나타낸다는 뜻. 삼라만상은 하나도 실체가 없으므로 모든 법을 차별할 수가 없지만 이름을 빌려서만이 차별한 모든 법이 있게 된다. 이름을 여의고는 차별한 모든 법이 없으므로 가명이라 한다.

2
등각(等覺)

부처님의 다른 이름. ① 등(等)은 평등, 각(覺)은 깨달음. 모든 부처님이 깨달은 것은 한결같이 평등하므로 등각이라 한다. ② 등정각(等正覺)이니, 보살이 수행하는 지위 점차 가운데 제51위의 이름. 이는 보살의 가장 높은 지위로서 그 지혜가 부처님과 거의 같다는 뜻으로 등각이라 한다.

3
묘각(妙覺)

불과(佛果)를 말한다. 보살수행의 지위 가운데 제52위의 마지막 지위. 온갖 번뇌를 끊어버린 부처님 지위.

4
원타타광삭삭(圓陁陁光爍爍)

원타타는 원만하고 아름답기가 구슬 같다는 뜻. 광삭삭은 광명이 훤히 밝은 모양. 실상(實相)을 형용한 말.

5
역무인 역무불(亦無人 亦無佛) ~

영가 선사의 『증도가』에 나오는 구절.

不生不滅
불생불멸

▮

생겨나지도 않고 없어지지도 않는다不生不滅는 것은 진리의 본성을 말한 것이며, 생겨나기도 하고 없어지기도 한다는 것은 현상계의 낱낱 차별된 모양을 말한다.

　이 불생불멸이라는 말은 중생들이 법신法身을 다 갖추었음을 바로 말한 것이다.

　허공의 본체는 끝없는 옛적부터 지금까지 생겨나지도 않았고 없어지지도 않았으며 변하지도 않았고 옮기지도 않았으며 가는 것도 없었고 오는 것도 없었으며 낡은 일도 없었고 새로워진 일도 없었으며 맑고 맑은 물처럼 언제나 고요하니 사대·오온이 그 가운데서 헛되이 생겼다가 헛되이 사라지지만 자기의 법신에는 아무 관계가 없는 것이다.

지혜와 덕의 빛을 감추고 세상 번뇌의 티끌 속에 뒤섞이더라도 더러움에 물들지 않고 삼계에 홀로 존귀함이 되니 이것이 무한한 시간과 끝없는 허공의 허물어지지 않는 몸不壞之身이다.
　　경에 이르기를 "어떻게 하면 오래 살 수 있는 금강과 같은 허물어지지 않는 몸을 얻을 수 있겠습니까?"라고 하였다.
　　알겠는가?

　　대 그림자 비질 해도 섬돌 먼지 안 쓸리고
　　둥근 달빛 꿰뚫어도 물에는 자국 없네.

不生不滅者 全談理性 有生有滅者 全談事相. 此語直言直說 衆生具足
불생불멸자 전담이성 유생유멸자 전담사상 차어직언직설 중생구족
法身. 虛空之體 亘古亘今 不曾生不曾滅 不變不移 無去無來 無舊無
법신 허공지체 긍고긍금 부증생부증멸 불변불이 무거무래 무구무
新 湛然常寂 四大五蘊 從他虛生虛沒 於自己法身 惣無交涉. 和光塵
신 담연상적 사대오온 종타허생허몰 어자기법신 총무교섭 화광진
不染 三界獨爲尊 此是長劫虛空 不壞之身. 經云 云何得長壽金剛不壞
불염 삼계독위존 차시장겁허공 불괴지신 경운 운하득장수금강불괴
之身. 會麼. 竹影掃堦塵不動 月輪穿海水無痕.
지신 회마 죽영소계진부동 월륜천해수무흔

1

이성(理性)
만물의 체성(體性), 진리의 본성, 법성의 이치, 진여. 성(性)은 변하지 않는다는 뜻.

2
사상(事相)

본체인 진여에 대하여 현상계의 낱낱 차별된 모양. 삼라만상의 각양각태(各樣各態).

3
화광진불염(和光塵不染)

화광동진(和光同塵)하여도 더러움에 물들지 않는다는 뜻. 화광동진은 불보살이 중생을 제도하기 위하여 지혜와 덕의 빛을 감추고 오탁번뇌(汚濁煩惱)의 세상 티끌 속에 섞여 지내면서 중생들에게 인연을 맺게 하여 마침내 불법으로 이끌어 들이는 것.

4
경운(經云)~

『열반경(涅槃經)』제3권에 나오는 구절. 금강불괴신(金剛不壞身)이란 금강석처럼 견고하여 영구불변하는 몸이라는 뜻이니 진리인 법신(法身)을 말함.

不垢不淨

불구부정

더럽지도 않고 깨끗하지도 않다不垢不淨는 것은 역시 중생들이 본래 법신을 다 갖추어 있다는 말이다.

중생의 법신은 청정하여 티가 없으며 물들지도 않고 더럽지도 않으며 길지도 않고 짧지도 않으며 모나지도 않고 둥글지도 않으며 흐린 것도 없고 깨끗함도 없으며 부수어 버릴래야 부수어버릴 수도 없고 태울래야 태울 수도 없으며 물들여 더럽힐래야 더럽힐 수도 없으니 마치 세계와 같고 허공과 같으며 연꽃이 물에 젖지 않는 것과 같다.

마음은 청정하여 더럽지도 않고 깨끗하지도 않아서 기나긴 무량겁을 지날지라도 언제나 한결같으니, 마치 물속에 비친 달과 같은 것이다.

그러한 것을 보고 싶은가?

부처님의 얼굴은 깨끗한 보름달

백천 개의 밝은 해가 빛을 모아 뿜는 듯.

亦說衆生本來具足法身. 衆生法身 淸淨無瑕 無染無汚 不長不短 不方
역설중생본래구족법신   중생법신   청정무하   무염무오 부장부단 불방

不圓 無濁無淨 壞不得 燒不得 染汚不得 如世界如虛空 如蓮花不着
불원 무탁무정 괴부득 소부득 염오부득   여세계여허공   여연화불착

水. 心淸淨 不垢不淨 長劫如然 如水中月. 要見麽. 佛面猶如淨滿月 亦
수   심청정 불구부정 장겁여연 여수중월   요견마   불면유여정만월 역

如千日放光明.
여천일방광명

不增不減

부증불감

허공의 본바탕은 아득히 멀고 먼 이 세계 생기기 전의 몸이니 더할래야 더할 수 없으며 없앨래야 없앨 수 없고 부숴볼래야 부숴볼 수 없으며, 성인이라 하여 늘어나는 것도 아니고 범부라 하여 줄어드는 것도 아니며, 언제나 한결같아 움직이지 않으니 모자람도 없거니와 남는 것도 없다.

칭찬도 할 수 없고 비방도 할 수 없네.
본체는 허공처럼 언저리가 없어라.
상승의 보살들은 믿고서는 의심 않고
어리석은 범부들은 듣고서도 의심하네.

알겠는가?

'한 물건'이라고 말해도 맞지 않으리라.

虛空之體 迢迢空劫之身 增不得 減不得 壞不得 在聖而不增 在凡而不
허공지체 초초공겁지신 증부득 멸부득 괴부득 재성이부증 재범이불
減 如如不動 無欠無餘. 讚不得 毀不得 體若虛空沒崖岸 上乘菩薩信無
감 여여부동 무흠무여 찬부득 훼부득 체약허공몰애안 상승보살신무
疑 中下聞之必生怪. 會麼. 喚作一物卽不中.
의 중하문지필생괴 회마 환작일물즉부중

1
찬부득훼부득(讚不得毀不得)~
영가 선사의 『증도가』에 나오는 구절.

2
상승보살신무의(上乘菩薩信無疑)~
석두(石頭) 선사의 『초암가(草菴歌)』에 나오는 구절. 상승(上乘)은 대승(大乘)을 말하며 상상(上上)의 근기, 중하(中下)는 중·하의 근기.

3
환작일물즉부중(喚作一物卽不中)
회양(懷讓) 선사가 처음 숭산(嵩山)에 있다가 육조(六祖) 스님께 나아가니, 육조 스님이 묻기를 "어디서 오는가?" 하니, 회양이 "숭산에서 옵니다." 하였다. 육조 스님이 다시 "어떤 물건이 이렇게 왔는가?" 하니, "한 물건이라 말해도 맞지 않습니다." 하였다. 육조 스님이 다시 "닦아서 증득(證得)하는가?" 하니, "닦아서 증득하는 일은 없지 않으나 물들여 더럽힐 수는 없습니다." 하였다. 이에 육조 스님이 "이 물들일 수 없는 것이 모든 부처님이 아끼고 염려해 주시는 바이니 그대가 이미 그렇고 나도 역시 그렇다."고 하였다. 일물(一物)이란 진여의 본체를 일컫는 말이다.

是故空中
시고공중

허공은 청정함이 본래 그러하니, 작대기로 허공을 때려도 허공은 아프지 않고 칼로 허공을 베어도 허공은 끊어지지 않으며, 노끈으로 허공을 잡아 묶으려 해도 허공은 붙들 수가 없고 불로 허공을 태우려 해도 허공은 불붙지 않으며, 화살로 허공을 쏘아도 허공은 뚫어지지 않고 비가 허공에 쏟아져도 허공은 젖지 않으며, 허공을 팔아 넘기기로 해도 허공은 값을 매길 수가 없는 것이다.

알겠는가?

말을 하려 하여도 말로써는 다 못하니
이곳저곳 어디서나 생각을 잘 해보게.

淸淨本然 棒打虛空空不痛 刀斫虛空空不斷 繩縛虛空空不住 火燒虛
청정본연 봉타허공공불통 도작허공공부단 승박허공공부주 화소허
空空不著 箭射虛空空不穿 雨打虛空空不濕 典賣虛空不値錢. 會麼. 欲
공공불착 전사허공공불천 우타허공공불습 전매허공불치전 회마 욕
言言不及 山東河北好商量.
언언불급 산동하북호상량

욕언언불급(欲言言不及)~

법안(法眼) 선사의 오언시(五言詩)에 나오는 구절이다.

유조어여황(幽鳥語如簧)

유요금선장(柳搖金線長)

운귀산곡정(雲歸山谷靜)

풍송행화향(風送杏花香)

영일소연좌(永日簫然坐)

징심만려망(澄心萬慮忘)

욕언언불급(欲言言不及)

임하호상량(林下好商量)

숲 속의 새소리는 피리처럼 지저귀고
늘어진 버들가지 금실같이 흔들리네.
구름이 돌아가니 산은 더욱 고요한데
살구꽃 향기는 바람결에 실려온다.
온종일 한자리에 말없이 앉았으니
마음은 맑아지고 온갖 생각 사라져서
말을 하려 하여도 말로써는 못하여도
숲속에 앉아서 생각하기 좋구나.

2
산동하북(山東河北)

산동은 중국 동부의 황해(黃海) 연안의 지방. 하북은 중국 황하(黃河) 이북의 지방. 여기서는 꼭 일정한 장소를 가리키는 것이 아니라 천남지북(天南地北), 산남수북(山南水北)처럼 '이곳저곳 어디서든지'라는 뜻으로 쓰임.

無色無受想行識

무색무수상행식

허공의 본바탕에는 색色을 놓아두려 하여도 공空은 색을 받아들이지 않고, 소리를 놓아두려 하여도 공은 소리를 받아들이지 않으며, 수受를 놓아두려 하여도 공은 수를 받아들이지 않고, 상想을 놓아두려 하여도 공은 상을 받아들이지 않으며, 행行을 놓아두려 하여도 공은 행을 받아들이지 않고, 식識을 놓아두려 하여도 공은 식을 받아들이지 않으며, 육도六道와 사생四生도 모두가 거짓이름假名인지라 그 어느 것 하나라도 받아들이지 않는다.

가는 먼지 하나라도 묻힐 수가 없는 청정하고도 공허한 이치는 필경에 몸이 없는 것이니, 새가 날아간 공중과 같이 흔적도 없고 허공에 앉았던 것처럼 자국도 없어서 하루의 열두 때 가운데 부처님의 눈으로 엿보려 하여도 엿볼 수가 없는 것이다.

어째서 엿볼 수가 없는가?

아름다운 물고기가 물속 깊이 잠겼으니
백로가 그 자취를 알아보지 못 한다네.

虛空之體 安色空不受色 安聲空不受聲 安受空不受受 安想空不受想
허공지체 안색공불수색 안성공불수성 안수공불수수 안상공불수상
安行空不受行 安識空不受識 六道四生 一切假名 都無所受. 纖塵不立
안행공불수행 안식공불수식 육도사생 일체가명 도무소수 섬진불립
淸虛之理 畢竟無身 行如鳥道 坐若太虛 十二時中 佛眼覰不見. 爲甚
청허지리 필경무신 행여조도 좌약태허 십이시중 불안처불견 위심
覰不見. 錦鱗在深處 白鷺不知蹤.
처불견 금린재심처 백로부지종

육도사생(六道四生)

육도는 중생들이 업(業)에 따라 윤회하는 길을 여섯으로 나눈 것. 즉 천상(天上)·인간(人間)·아수라(阿修羅)·축생(畜生)·아귀(餓鬼)·지옥(地獄)의 여섯 갈래를 말한다. 사생(四生)은 생물이 생겨나는 네 가지 형식. ① 태생(胎生) - 어미의 태(胎) 속에서 사지를 갖추고 나는 것. 사람, 소, 말 따위. ② 난생(卵生) - 알에서 부화하여 나는 것. 새와 같은 종류. ③ 습생(濕生) - 습기로 나는 생물. ④ 화생(化生) - 의탁한 데가 없이 홀연히 생겨나는 것. 모든 천상과 지옥에 나거나 겁초(劫初)에 나는 사람들.

無眼耳鼻舌身意

무안이비설신의

이 육근이 있다는 것은 중생들을 수순한다는 말이다.

모든 부처님이 대자대비를 갖추시어 서른 두 가지의 대장부다운 모양과 여든 가지의 잘생긴 몸매를 나투시는 것은 환幻으로써 환을 없애는 것이니, 환이 아닌 것은 없어지지 않는다.

없어지지 않는 것은 중생들이 본래 갖추어 있는 법신이다.

법신은 즉 법신이 아니라 이 이름이 법신이니, 법신이란 이름이 있어도 형상이 없는 것이다.

이 법신을 알고 싶은가?

눈으로는 보는 것이며 귀로는 듣는 것이며 코로는 냄새 맡는 것이며 혀로는 말하는 것이며 손으로는 붙잡는 것이며 발로는 이리저리 돌아다니는 것이니 온몸을 쓰게 되면 온몸이 법신이다.

이 육근의 사대四大와 오온五蘊이 보고 듣고 느끼고 아는 것이 아니니, 참으로 삼가야 할 것은 사대인 육근이 보고 듣고 느끼고 아는 줄로 망령되이 잘못 인정하는 것이다.

세상에 존재하는 모든 형상은 다 허망한 것이니 모두가 거짓이름假名으로 중생을 이끌어 들이는 것일 뿐이다.

모름지기 자기 자신의 법신을 바로 보아야 할 것이니, 자기의 법신을 바로 알면 범부를 돌이키어 성인이 될 것이다.

어찌 보지 못했는가.

어느 스님이 운문雲門 선사께 묻기를 "어떤 것이 청정한 법신입니까?" 하니, 운문 선사가 이르기를 "화초밭의 울타리니라." 하였다. 그 스님이 다시 "이러할 때는 어떻습니까?" 하니, 운문 선사가 이르시되 "황금빛 털 사자金毛獅子니라." 하였다.

이 이야기에 대하여 설두雪竇 스님이 송頌으로 말하였다.

화초밭의 울타리라니! 속이지를 말아라.
저울대에 눈이 있지 저울판에 있겠는가.
이러면 되느냐고? 어림도 없는 소리
여러분은 잘 보시오. 황금빛 털 사자를!

어느 스님이 대룡大龍 선사께 묻기를 "이 육신은 언젠가는 무너져 없어지고 말 것이니 어떤 것이 견고한 법신입니까?" 하니, 대룡 선사가 다음과 같이 답하였다.

산 꽃이 피어나니 비단인 양 아름답고
시냇물이 맑으니 쪽빛처럼 푸르다네.

조사스님네가 이와 같이 중생들을 위하여 하나하나 가르쳐 주셨으니, 만일 자기의 법신을 바로 보게 되면 만겁에 생사의 윤회를 받지 않으리라.

이 법신을 알고 싶은가?
눈·귀·코·혀·몸·뜻이 없다니, 이것은 도대체 어떤 얼굴일까?

눈썹을 곤두세워 눈여겨 보아라!
따져보는 사이에 천리만리 멀어졌네.

有此六根 隨順衆生之說. 諸佛俱大慈悲 現三十二相 八十種好 以幻滅
유차육근 수순중생지설 제불구대자비 현삼십이상 팔십종호 이환멸

幻 非幻不滅. 不滅者 是衆生本來具足法身 法身卽非法身 是名法身
환 비환불멸 불멸자 시중생본래구족법신 법신즉비법신 시명법신

法身有名無形. 要見法身麼. 在眼曰見 在耳曰聞 在鼻曰嗅 在舌談論
법신유명무형 요견법신마 재안왈견 재이왈문 재비왈후 재설담론

在手執捉 在足運奔 全體起用 全體法身. 非是六根 四大五蘊 見聞覺
재수집착 재족운분 전체기용 전체법신 비시육근 사대오온 견문각

知 切忌妄認四大六根. 凡所有相 皆是虛妄 盡是假名 引導衆生. 須是
지 절기망인사대육근 범소유상 개시허망 진시가명 인도중생 수시

親見法身. 若得親見 轉凡成聖 豈不見. 僧問雲門 如何是淸淨法身. 雲
친견법신 약득친견 전범성성 기불견 승문운문 여하시청정법신 운

門曰 花藥欄. 僧云 便恁麼去時如何. 雲門云 金毛獅子. 雪竇頌云 花藥
문왈 화약란 승운 변임마거시여하 운문운 금모사자 설두송운 화약

欄 莫瞞頂 星在秤兮不在盤 便恁麼 太無端 金毛獅子大家看. 僧問大
란 막만한 성재칭혜부재반 변임마 태무단 금모사자대가간 승문대

龍 色身敗壞 如何是堅固法身. 龍答曰 山花開似錦 澗水湛如藍. 祖師
룡 색신패괴 여하시견고법신 용답왈 산화개사금 간수담여람 조사

一一爲衆生指出 若親見自己法身 萬劫不受輪廻. 要見法身麼. 是何顔.
일일위중생지출 약친견자기법신 만겁불수윤회 요견법신마 시하안

剔起眉毛著眼看 擬議之間隔千山.
척기미모착안간 의의지간격천산

1

삼십이상(三十二相)

부처님 몸에 갖추신 32종류의 표상(標相). 32대장부상(大丈夫相)이라
고도 한다. 훌륭한 인물의 특징을 모두 말한 것이니, 이 상을 가진 사람
은 세간에 있으면 천하를 통치하는 전륜왕(轉輪王)이 되고 출가하면 정
각을 이루어 부처님이 된다고 하였다.

2

팔십종호(八十種好)

팔십수형호(八十隨形好)라고도 한다. 부처님 몸에 갖추어진 표지로서
삼십이상에 따르는 잘 생긴 모양이라는 뜻. 삼십이상을 다시 여든 가지
로 세분한 것.

3

화약란(花藥欄)

꽃이나 약초를 심어 놓고 출입하지 못하도록 주변에 대나무, 개나리 등
으로 둘러친 울타리.

4

금모사자(金毛獅子)

황금빛 털을 가진 사자. 부처님을 온갖 짐승 가운데 왕인 사자에 비유함.
법신을 말함.

5
설두(雪竇, 980~1051)

사천성 동천부(潼川府) 수녕현(遂寧縣)에서 났다. 속성은 이(李)씨, 자(字)는 은지(隱之), 법명 중현(重顯). 어릴 때 가세가 넉넉하여 유학(儒學)을 익혔다. 20세에 부모의 상(喪)을 당하고 곧 출가하여 수주(隨州)의 북탑(北塔)에 있는 지문 광조(智門光祚) 선사를 찾아가서 "한 생각을 일으키지 않더라도 허물이 크다 하니 왜 그렇습니까?" 하고 물으니, 선사가 그를 가까이 오라 하여 한 번 때려 주었다. 그가 다시 무슨 말을 하려고 하니 또다시 그의 입을 때리므로 그 바람에 크게 깨쳤다.

5년 동안 모시고 지내다가 그의 법을 전해 받은 뒤에 소주(蘇州)의 취봉사(翠峰寺)에 있다가, 나중에 설두산(雪竇山) 자성사(資聖寺)로 옮겨 거기에서 오래 교화하였다. 송(宋)나라 인종(仁宗) 황우(皇祐) 4년 6월 9일 입적할 것을 선언하자 한 제자가 유게(遺偈)를 청하였더니 "내가 평소에 말을 너무 많이 한 것이 걱정이다." 하였다. 그 이튿날 행장을 대중에게 모두 나누어 주고 그날 밤에 목욕하고는 입적했다. 법을 이은 제자가 승속(僧俗)을 합하여 150명이나 되었다. 저술로는 『명각선사어록(明覺禪師語錄)』 6권 외에 다수 있다.

6
만한(瞞頇)

얼굴이 넓적하고 두껍게 생겨서 남을 업신여기고 잘 속이는 것.

7
성재칭혜부재반(星在秤兮不在盤)

성(星)은 저울대에 찍힌 눈점. 칭(秤)은 저울대, 반(盤)은 저울판. 말에 떨어지지 말고 그 말의 낙처(落處)를 바로 보라는 뜻.

8
대룡(大龍)

호남성 상덕부(常德府)에 있는 대룡산(大龍山)에 살았던 지홍(智洪) 선

사. 그의 전기(傳記)는 별로 알려져 있지 않다. 덕산(德山) 선사의 법계(法系)인 백조 지원(白兆志圓)에게서 법을 이었다. 어떤 스님이 "어떤 것이 미묘한 것입니까?" 하고 물으니, "바람은 물소리를 베갯가에 실어오고, 달빛은 산그늘을 침상으로 옮겨준다(風送水聲來枕畔 月移山影到牀邊)."고 답을 한 시적인 설화가 남아 있다.

無色聲香味觸法

무색色성聲향香미味촉觸법法

이 색色·성聲·향香·미味·촉觸·법法의 육진六塵 경계가 모두 한 뿌리에서 일어나는 것이니, 이 한 뿌리가 어디에서 일어나는가를 돌이켜 생각해 보아라. 만일 일어나는 곳을 알면 이 몸의 근본이 생겨나는 곳을 알게 되리라.

　근본을 돌이켜 살펴보면 이 몸에는 '나'라는 것이 있지 않고, 나의 몸이 이미 없으니 십팔계十八界가 단번에 청정하리라.

　이 몸을 살펴보면 내 몸이라 할 것이 없으며 모든 경계를 살펴보아도 또한 그러하니 모든 것이 공적으로 돌아가게 된다.

　다시 조용히 마음을 가다듬고 앉아서 과거에 지었고 현재에 짓고 있는 갖가지 소리·빛·냄새·맛·감촉과 모든 바깥의 대상경계를 살펴보아라. 그것이 어찌 있는 것이겠는가? 이미 있는 바가 없으니 마치 어젯밤의 꿈과 같은 것이다.

　　나의 마음이란 본래 빈空 것이어서 죄와 복이 주인이 없거늘 어떤 것이 죄며 어떤 것이 복이겠는가?

　　이 마음이 본래 공한 줄 살펴보는 이것을 말하여 참다운 참회懺悔라고 하는 것이다.

　　삼조三祖 스님이 이조二祖 스님께 죄를 참회하고자 하니, 이조 스님이 "죄를 가져 오너라. 내가 너의 죄를 참회시켜 주리라." 하였다. 삼조 스님이 "죄를 찾아보아도 찾을 수가 없습니다." 하니, 이조 스님이 "그래! 그러면 이미 죄를 참회한 것이다." 하므로, 삼조 스님이 이 말을 듣고는 바로 크게 깨쳤다.

　　알겠는가?

마주앉아 있어도 서로 보지 않으니
빛이나 그림자는 나귀 얼굴 비추고
고요히 앉았으니 먼지조차 사라져서
허공에는 실낱조차 통할 수가 없구나.

此六塵 皆從一根上起. 但去一根反照 從何而起. 若識起處 知根本生.
차육진 개종일근상기　단거일근반조　종하이기　약식기처　지근본생

反照根本 身非我有 我身旣無 十八界 頓然淸淨. 觀身無身 觀法亦然
반조근본　신비아유　아신기무　십팔계　돈연청정　관신무신　관법역연

總歸空寂. 更去靜坐 觀過去所作 現在所作 多種聲色香味觸法 安頓何
총귀공적　갱거정좌　관과거소작　현재소작　다종성색향미촉법　안돈하

無色聲香味觸法

在. 既無所有 猶如昨夢. 我心本空 罪福無主 何者是罪 何者是福. 諦觀
재 기무소유 유여작몽 아심본공 죄복무주 하자시죄 하자시복 체관
心是本來空 是則名爲眞懺悔. 三祖乞二祖懺罪 二祖云 將罪來 我與你
심시본래공 시즉명위진참회 삼조걸이조참죄 이조운 장죄래 아여니
懺. 三祖云 覓罪了不可得. 二祖云 懺罪已竟. 三祖於此大悟. 會麽. 對
참 삼조운 멱죄료불가득 이조운 참죄이경 삼조어차대오 회마 대
坐不相見 光影照矑面 靜坐絶纖塵 虛空不通線.
좌불상견 광영조려면 정좌절섬진 허공불통선

참회(懺悔)

범어 kṣamā. 참마(懺摩)라 음역. 현장(玄奘) 스님 이전에는 회(悔)라 번역. 참마의 준말인 참(懺)과 회(悔)를 아울러 쓴 말. 불교 도덕을 실천하는 일종의 중요한 행사로, 스스로 범한 죄를 뉘우쳐 용서를 비는 일. 두 가지 참회가 있다. ① 사참회(事懺悔) - 삼업(三業)을 삼가하며 예불하고 송경(誦經)하는 작법 등으로 지은 죄와 허물을 고백하고 회개하는 것. ② 이참회(理懺悔) - 모든 법의 실상(實相)이 본래 공한 진리를 관(觀)하여 죄악은 망심(妄心)으로 지은 것이며, 망심은 실체가 없으므로 죄악도 본래 공한 줄 깨달아서 모든 죄를 없애는 것.

삼조(三祖)

중국 선종의 제3조인 승찬(僧璨) 대사(?~606). 서주(舒州)에서 났다고 한다. 처음에 풍질(風疾)이 들어 헤매다가 2조 혜가(慧可) 스님을 만나 참회를 구하여 확연히 깨달았다. 그 뒤 후주(後周)의 무제(武帝)가 불교를 탄압하는 법난(法難)을 만났을 때, 혜가 스님과 함께 서주(舒州) 환공산(晥空山)의 남쪽 산곡사(山谷寺)에서 5년을 숨어 지냈다. 그 동안 그의 풍질이 다 완치되었고, 그 뒤 대호현의 사공산(思空山)에 숨어서 조용히 지냈다. 뒤에 도신(道信)을 만나 의발(衣鉢)을 전하고 대업(大業)

2년(606년) 10월에 입적하였다. 저서 『신심명(信心銘)』이 남아 있다.

3
광영 조려면(光影照驢面)

광영(光影)은 빛과 그림자이니, 즉 객관과 주관을 말함. 또는 시간을 뜻하기도 함. 여면(驢面)은 여년(驢年)과 같은 뜻이니, 12지(支) 가운데에 나귀 해(띠)는 없으므로 공적한 경지를 말할 때 쓰인다. 주관과 객관이 모두가 공적하다. 또는 세월이 겁(劫) 밖에 흐른다는 뜻이다.

無眼界乃至無意識界

무안계내지무의식계

이 십팔계十八界는 안계眼界가 있다고 집착하기 때문에 잇달아서 십팔계가 생겨나게 된 것이다.

이 모든 악업惡業들도 다만 안근眼根을 돌이켜 궁구해 보면 허망하고 거짓된 육근이 모두 무너져 사라지고 말게 되므로 모두가 진실한 것이 아니며, 고요히 사대四大를 관찰해 보면 도무지 참다운 뜻이란 없는 것이다.

허공의 바탕이 되는 기나긴 세월에도 부서지지 않는 몸은 맑은 물처럼 언제나 고요하여 닦을 것도 깨달을 것도 없는 것이다.

나가那伽는 언제나 대정大定에 들어 있게 되어 정定에 들지 않은 때가 없으니 흐트러지거나 어지러움이 없으며, 외로이 밝아서 홀로 비추는 것이 마치 맑은 가을 하늘의 밝은 달이 둥글고 밝게 빛나서 하늘과 땅에 널리 퍼져 시방세계를 두루 비추면 산하대지의 어느 한 곳도 능히 걸리거나 막힘이 없는 것과 같다.

> 신령스런 광명이 외로이 밝아서
> 이 몸과 티끌세상 저 멀리 벗어났고
> 바탕은 변함없는 참 모습을 드러내어
> 문자나 언어에도 걸리지 않네.
> 마음의 성품은 물듦이 없어서
> 본래부터 스스로 원만히도 생겼으니
> 거짓된 인연을 여의기만 한다면
> 이것이 한결같은 부처님의 모습이네.

此十八界 因執有眼界 連累十八界. 是諸惡業 但去眼根反究 虛假六根
차십팔계 인집유안계 연루십팔계　시제악업　단거안근반구　허가육근
皆歸敗壞 總無眞實. 靜觀四大 都無實義. 爲虛空之體 長劫不壞之身 湛
개귀패괴　총무진실　정관사대　도무실의　위허공지체　장겁불괴지신　담
然常寂 亦無修證 那伽常在定 無有不定時 無散無亂 孤明獨照 猶同秋
연상적　역무수증　나가상재정　무유부정시　무산무란　고명독조　유동추
月 圓陁陁光爍爍 普天匝地 照徹十方 山河大地 不能隔礙. 靈光獨耀 迥
월　원타타광삭삭　보천잡지　조철시방　산하대지　불능격애　영광독요　형
脫根塵 體露眞常 不拘文字 心性無染 本自圓成 但離妄緣 卽如如佛.
탈근진　체로진상　불구문자　심성무염　본자원성　단리망연　즉여여불

안계 (眼界)

無眼界乃至無意識界

三十二

안계라 함은 안근(眼根)과 안진(眼塵)과 안식(眼識)을 합하여 말한 것이다. (p.136 受想行識 1번 注 참조)

2
수증(修證)

수(修)는 수행(修行), 증(證)은 신심과 수행한 공이 나타나서 진리에 계합하는 것. 깨달음을 증득(證得)함.

3
나가(那伽)

범어 nāga, 용(龍)을 말함. 동물 가운데 용이 제일 힘이 세기 때문에 부처님과 아라한(阿羅漢)을 비유하여 나가(那伽)라 한다. 대용왕이 깊은 물속에서 미륵 부처님이 출세하면 만날 원력(願力)으로 정(定)에 들어 있는 것을 나가대정(那伽大定)이라 한다.

4
영광독요(靈光獨耀) ~ 즉여여불(卽如如佛)

백장 회해(百丈懷海) 선사(720~814)의 게송이다.

無無明
무무명

일체 중생과 사람사람이 모두 무명無明 때문에 갖가지 차별과 온갖 번뇌를 일으키고 육근六根에 사로잡혀 십팔계를 일으키게 된다.

마음이 육정六情에 머물러 애욕에 얽히는 것은 새가 그물 속에다 몸을 내던지는 것과 같고, 온갖 악업을 지어 몸을 망치는 것은 나방이 등불 속에 날아드는 것과 같다.

몸뚱이를 바꾸면서 윤회의 굴레 속에 이리저리 굴러다니는 줄조차도 깨닫지 못하며 한량없는 세월을 떠돌아다니게 되는 것은 이것이 모두 무명으로 말미암아 일어나는 것이다.

무명無明이 있기 때문에 무명은 행行을 낳게 되고 행은 식識을 낳게 되며 식은 명색名色을 낳게 되고 명색은 육입六入을 낳게 되며 육입은 감촉觸을 낳게 되고 감촉은 감수受를 낳게 되며 감수는 애愛를 낳게 되고 애는 취取를 낳게 되며 취는 유有를 낳게 되고 유는 생生을 낳게 되며 생은 늙음과 죽음과 온갖 근심 걱정의 괴로움을 낳게 되는 것이니, 이것이 모두가 무명으로 말미암아 비롯되는 것이다.

　　여기에서 홀연히 무명을 바로 보아서 항복받아 죽이고, 죽인 가운데서 다시 죽이면 온갖 인연을 모두 쉬게 되며 모든 새어나가는 생각漏이 다 없어져서 번뇌를 아주 끊게 되리라. 근본이 이미 없어지니 삼독三毒은 저절로 사라지게 된다.

　　일체 중생이 무명의 악독惡毒한 연기緣起를 알지 못하여 거기에 얽히고 연루되어 한량없는 세월을 지내면서 괴로움을 받게 되는 것이니, 홀연히 무명이 일어나는 곳을 스스로 깨달아 아침에 삼천 번을 때리고 저녁에 팔백 번을 내리쳐서 곧바로 아주 죽이어서 거기에서 한번 돌이키어 마지막에 다시 깨어나게 되면 아무도 그대를 속이지 못하리라.

　　어떤 스님이 투자投子 선사에게 묻기를 "아주 죽었던 사람이 다시 깨어났을 때는 어떻습니까?" 하니, 투자 선사가 이르시기를 "밤 길을 가지 않고 밝은 낮에 간다."라고 하였다.

　　여기에서 머뭇거리지 않고 곧바로 근원을 끊고 심지心地를 깨끗이 쓸어버리면 몸이 있다고 보지 않으리라. 몸이 없어지면 무명이 없어지고 때 먼지가 다 사라지게 되니 만 겁의 무량한 죄업이 한꺼번에 녹아져서 생사의 윤회를 일시에 벗어나게 되는 것이다.

　　옛사람이 이르시되 "찰나에 아비지옥의 죄업을 없애고, 만법이 본래부터 공한 줄을 깨달았다."고 하였다.

　　어떤 것이 본래부터 공한 것인가?

무명의 참 성품이 다름 아닌 불성이요

환화幻化 같은 빈 몸뚱이 그대로가 법신이니

법신을 깨달으면 한 물건도 없으리라.

여기에서 하나하나 밝혀내게 되면 범부를 돌이키어 성인을 이루고 무명을 바꾸어 부처를 이루게 되리라.

一切衆生 人人盡有無明 起多種種差別 百種煩惱 常取六根 起十八界.
일체중생 인인진유무명 기다종종차별 백종번뇌 상취육근 기십팔계
心處六情 如鳥投網 造衆惡業 如蛾赴燈 出殼入殼 展轉不覺 流浪經劫
심처육정 여조투망 조중악업 여아부등 출각입각 전전불각 유랑경겁
皆因無明而起. 因有無明 無明緣行 行緣識 識緣名色 名色緣六入 六
개인무명이기 인유무명 무명연행 행연식 식연명색 명색연육입 육
入緣觸 觸緣受 受緣愛 愛緣取 取緣有 有緣生 生緣老死憂悲苦惱 皆
입연촉 촉연수 수연애 애연취 취연유 유연생 생연노사우비고뇌 개
由無明爲始. 於此忽然親見無明 降伏令死 死中更死 萬緣俱息 諸漏以
유무명위시 어차홀연친견무명 항복영사 사중갱사 만연구식 제루이
盡 永斷煩惱. 根本旣除 三毒自滅. 一切衆生 不識無明 惡毒緣起 因被
진 영단번뇌 근본기제 삼독자멸 일체중생 불식무명 악독연기 인피
所累 歷劫受苦 忽然自覺 無明起處 朝打三千 暮打八百 直敎大死 一
소루 역겁수고 홀연자각 무명기처 조타삼천 모타팔백 직교대사 일
廻 末後再甦 欺君不得. 僧問投子 大死底人 却活時如何. 投云 不許夜
회 말후재소 기군부득 승문투자 대사저인 각활시여하 투운 불허야
行 投明須到. 於此直截根源 掃除心地 不見有身 身盡無明盡 塵垢盡
행 투명수도 어차직절근원 소제심지 불견유신 신진무명진 진구진
除 萬劫塵沙之罪 一時頓消 輪轉生死 一時頓脫. 古云 刹那滅却阿鼻
제 만겁진사지죄 일시돈소 윤전생사 일시돈탈 고운 찰나멸각아비
業 了得萬法本來空. 如何是本來空. 無明實性卽佛性 幻化空身卽法身
업 요득만법본래공 여하시본래공 무명실성즉불성 환화공신즉법신

法身覺了無一物. 於此一一明得 轉凡成聖 轉無明作佛.
법 신 각 료 무 일 물   어 차 일 일 명 득   전 범 성 성   전 무 명 작 불

1
육정(六情)

육근(六根)을 말한다. 구역(舊譯)의 경(經)·논(論)에서는 흔히 육근을 육정이라 한다. 근(根)에는 정식(情識)이 있는 까닭이다.

2
연(緣)

원인을 도와서 결과를 낳게 하는 작용. 인(因)과 연(緣)을 비교하면 가까운 원인을 인(因), 멀리서 도와주는 것을 연(緣)이라 한다.

※
십이연기(十二緣起)

십이인연(十二因緣)이라고도 한다. 중생들이 무한히 윤회하는 연쇄적인 인과관계를 열 두 가지로 나눈 것.

가) 전세상(前世)

① 무명(無明) - 미(迷)의 근본인 무지(無知). 무량겁 전부터 일으킨 번뇌의 총칭.

② 행(行) - 무명에 의하여 과거에 지은 선악의 모든 업(業)

나) 현세상(現世)

③ 식(識) - 과거세(過去世)의 무명과 행에 의하여 금세(今世)에 태(胎) 속에 의탁하는 처음 순간에는 오온 가운데 식(識)만이 의탁한다.

④ 명색(名色) - 명(名)은 마음, 색(色)은 물질. 즉 태(胎) 속에 의탁한 오온뿐으로 아직 형태가 완전하지 못한 것.

⑤ 육입(六入) - 안(眼)·이(耳)·비(鼻)·설(舌)·신(身)·의(意)의 육근이 갖추어진 것.

⑥ 촉(觸) - 사물에 접촉함. 갓난아기가 외경(外境)에 접촉하여 오

직 단순한 지각작용만을 일으키는 것.

⑦ 수(受) - 외계로부터 받아들이는 고(苦)·락(樂)의 감각.

⑧ 애(愛) - 고통을 피하고 즐거움을 구함. 재(財)·색(色) 등에 강한 애욕을 일으키는 것.

⑨ 취(取) - 자기가 탐욕하는 바를 취하는 것.

⑩ 유(有) - 애(愛)와 취(取)에 의해 지은 선악의 업이 미래의 결과를 불러오는 것. 업(業)의 다른 이름이다.

다) 내세상(來世)

⑪ 생(生) - 이 몸을 받아 나는 것. 현세의 애(愛)·취(取)·유(有)의 3인(因)에 의하여 미래의 생을 받는 것.

⑫ 노사(老死) - 늙어서 죽음. 미래세에 몸을 받아 죽음에 이르기까지이다. 연기를 해석할 때에 일찰나(一刹那)에 12연기를 갖춘다는 학설과 시간적으로 3세에 걸쳐 설명하는 두 가지가 있다. 뒤의 뜻을 따르면 무명과 행은 현세의 과보를 낳게 한 과거의 원인이요, 식·명색·육입·촉·수는 현재의 결과요, 애·취·유는 현재에 짓는 인(因)이요, 생과 노와 사는 미래에 받는 결과[果]가 된다. 과거의 인(因)은 현재의 과(果)를, 현재의 인(因)은 미래의 과(果)를 일으키므로 삼세양중인과(三世兩重因果)라고 한다.

3

삼독(三毒)

탐(貪)·진(瞋)·치(癡)를 말함. 탐(貪)은 애착하여 탐내는 것. 진(瞋)은 성내는 것. 치(癡)는 마음이 어리석고 어두운 것.

4

투자(投子, 819~914)

당나라 때 스님. 안휘(安徽) 회령(懷寧)에서 났다. 속성 유(劉)씨, 법명 대동(大同). 어려서 낙양의 보당사(保唐寺)에 출가, 처음에는 화엄관법(華嚴觀法)을 익히다가 뒤에 취미(翠微) 선사에게 나아갔다. 취미가 법당을 거닐고 있기에 묻기를 "서쪽에서 전해 온 비밀한 뜻을 가르쳐 주십시오." 하니, 취미가 걸음을 멈추고 가만히 있었다. 이에 다시 "스님의 방편을 바랍니다." 하니, 취미가 "다시 두 번째 흙탕물을 뿌리는구나." 하므로 이에 크게 깨달았다.

뒤에 고향에 돌아와 투자산(投子山)에 은거하고 있었다. 어느 날 유명한 조주(趙州) 스님이 투자 스님을 찾아가다가 길에서 서로 만났다. 아직 서로 안면이 없는 사이라 "혹 당신이 대동(大同) 화상 아니시오?" 하니, 대답 대신에 "나는 지금 장 보러 가는데 돈 좀 보시(布施)해 주겠소?" 하고는 그냥 지나쳤다. 조주는 그대로 투자산에 가서 기다렸는데, 해질 무렵에 투자 스님이 기름병을 들고 돌아왔다. 투자 스님은 워낙 검소하여 손수 기름을 짜서 팔아 생계를 잇고 있었던 것이다.

조주 스님이 말하기를 "투자라고 하여 제법 유명하더니만 와서 보니 다름 아닌 기름장수로구만." 하니, 투자 스님이 "당신은 기름장수만 보았지 나는 제대로 못 보는군." 하고 응수했다. 조주가 "그럼, 투자의 참모습이 뭐요?" 하고 반문하니, 대뜸 기름병을 쑥 내밀며 "기름 사구려! 기름!" 하고는 도리어 기름장수 행세를 하였다. 이에 조주가 다시 "아주 죽었던 사람이 다시 깨어날 때는 어떻소?" 하니, "밤 길을 가지 않고 밝은 낮에 간다오." 하고 말하였다. 이에 조주 스님이 말하기를 "오랑캐는 수염이 붉다더니, 다시 수염 붉은 오랑캐가 있었구나." 하였다. 따르는 학인들이 언제나 법석에 가득하였다고 한다. 건화(建和) 4년(914년)에 입적하였다.

5

심지(心地)

마음이 일체 만법을 내는 것이 마치 땅에서 온갖 초목을 내는 것과 같으므로 심지(心地)라 한다.

6

고운(古云) ~

당나라 때의 영가 현각(永嘉玄覺) 선사. 본 주해서에는 영가 선사의 『증도가』 구절을 많이 인용하고 있다.

亦無無明盡

역무무명진

몸이 있으면 무명이 있게 되고 무명이 있으면 삼독三毒이 있게 되며 삼독이 있으면 삼악업三惡業을 일으키고 삼업이 어두워져서 깨달음을 저버리고 바깥경계에 미혹하게 되어 깨닫지도 알지도 못하는 것이다.

만약 능히 삼독을 돌이키면 삼덕三德을 이루고 육근을 돌이키면 육신통六神通을 얻게 되니, 여기에서 하나하나 돌이켜서 범부를 바꾸어 성인을 이루면 범부가 그대로 성인이요, 성인이 바로 범부인 것이다.

만일 돌이키지 못하면 범부가 사물에 끌려다니는 바가 되고 사람들이 날마다 쓰더라도 알지 못하게 되니, 하루 종일 이리저리 서두르더라도 가히 의지할 근본이 없게 된다.

그러나 만일 능히 돌이키기만 하면 모든 만물이 자기에게 돌아오는 줄 알게 되니, 하루 종일 바쁘더라도 무슨 일이든 방해롭지 않으며 종일토록 밥 먹더라도 한 알의 밥알도 깨물지 않고 종일토록 옷 입고 있더라도 한 오라기의 실도 걸치지 않으며 종일토록 무엇을 하더라도 하는 것이 없게 된다.

이와 같이 돌이키게 되면 마구니의 세계에 뒤섞여 어울리고 세속의 티끌 속에 묻히더라도 세속 티끌에 물들지 않으며 탐욕 가운데 살더라도 탐욕이 없으리라.

몸과 마음이 한결같고 안과 밖이 서로 다름이 없으면 이것이 한 덩어리로 이루어진 것打成一片이니, 이 세상이 생겨나기 전과 같아서 형체와 그림자가 없으며 가는 터럭 하나라도 묻히지 않고 본바탕을 당당하게 드러내리라. 그러나 가는 먼지 하나라도 있게 되면 온 세상에 헛것이 생겨나서 그대로 생사生死에 떨어지게 된다.

다만 자기 자신을 돌이켜 살펴보면 이 몸이 있는 것이라고 보지 않게 되니, 나의 몸이 이미 없는 것이라면 무명도 또한 없는 것이다.

경에 이르시되 "영원히 무명을 끊어야만 바야흐로 불도佛道를 이룬다."고 하였는데, 무명이 끊어져 불도를 이룬 거기에는 이 부처 '불佛'이라는 한 글자도 얻을 수 없으며 그 글자의 원래 출처를 밝히어 놓은 것元字脚마저 찾아보려 해도 찾을 수 없으리라.

옛사람이 이르시되 "송곳 꽂을 만한 땅도 없는 것을 일 마친 사람了事底人이라 하며 무심도인無心道人이라 부른다."고 하였다.

그러나 무심無心을 도道라고 말하지 말라.

무심도 오히려 하나의 두꺼운 관문에 막히어 있느니라.

그러면 말해 보아라! 무슨 관문에 막히어 있는가?

알겠는가?

한 조각 흰 구름이 골어귀를 가로막아

그 얼마나 많은 새가 둥지 찾아 헤매는가.

有身卽有無明 有無明卽有三毒 因有三毒 起三惡業 三業昏暗 背覺合塵
유신즉유무명 유무명즉유삼독 인유삼독 기삼악업 삼업혼암 배각합진

不覺不知. 若能轉三毒作三德 轉六根作六神通 於此一一轉得 轉凡成聖
불각부지 약능전삼독작삼덕 전육근작육신통 어차일일전득 전범성성

凡夫卽是聖人 聖人卽是凡夫. 若轉不得 凡夫被物所轉 百姓日用而不知
범부즉시성인 성인즉시범부 약전부득 범부피물소전 백성일용이부지

終日忙忙 無本可據. 若能轉得 會萬物歸於自己 終日忙忙 那事無妨 終
종일망망 무본가거 약능전득 회만물귀어자기 종일망망 나사무방 종

日喫飯 不曾咬破一粒米 終日著衣 不挂一縷絲 終日爲未嘗爲. 如此轉得
일끽반 부증교파일립미 종일착의 불괘일루사 종일위미상위 여차전득

混融魔界 居塵不染塵 在欲而無欲 身心一如 內外無餘 須是打成一片
혼융마계 거진불염진 재욕이무욕 신심일여 내외무여 수시타성일편

與空劫齊 形影不存 纖毫不立 體露堂堂 纔有纖塵 遍界空生 卽墮生死.
여공겁제 형영부존 섬호불립 체로당당 재유섬진 변계공생 즉타생사

但去反觀自己 不見有身 我身旣無 無明亦無. 經云 永斷無明 方成佛道
단거반관자기 불견유신 아신기무 무명역무 경운 영단무명 방성불도

只這佛之一字 亦不可得 覓元字脚 亦不可得. 古云 無卓錐之地 喚作了
지저불지일자 역불가득 멱원자각 역불가득 고운 무탁추지지 환작요

事底人 喚作無心道人 莫道無心云是道 無心猶隔一重關. 且道. 隔那一
사저인 환작무심도인 막도무심운시도 무심유격일중관 차도 격나일

重關. 會麽. 一片白雲橫谷口 幾多歸鳥盡迷巢.
중관 회마 일편백운횡곡구 기다귀조진미소

1
삼악업(三惡業)

① 신(身)·구(口)·의(意)의 삼악업. ② 탐(貪)·진(瞋)·치(癡)의 삼독(三毒)으로 일어나는 삼악도(三惡道)의 업(業).

2
삼덕(三德)

① 부처님의 공덕을 나눈 것. ㉠ 지덕(智德) - 평등한 지혜를 내어 일체를 아는 지혜. ㉡ 단덕(斷德) - 온갖 번뇌를 다 끊어서 남김이 없는 덕. ㉢ 은덕(恩德) - 서원(誓願)으로 중생을 구제하여 해탈케 하는 덕.
② 열반을 얻은 이에게 갖춘 덕을 세 가지로 나눈 것. ㉠ 법신덕(法身德) - 부처님의 본체이니 미혹을 벗어나서 상주불멸(常住不滅)하는 법신을 얻음. ㉡ 반야덕(般若德) - 만유의 참모습을 아는 진실한 지혜. ㉢ 해탈덕(解脫德) - 반야에 의하여 참다운 자유를 얻는 것.

3
육신통(六神通)

천안통, 천이통, 숙명통, 타심통, 신족통, 누진통을 말함 (p.049 般若 注 참조)

4
마계(魔界)

마(魔)는 범어 māra. 즉 마라(魔羅)의 준말. 장애자(障碍者). 악자(惡者)라는 뜻. 몸과 마음을 요란케 하여 선법(善法)을 방해하고 좋은 일을 깨뜨리는 것을 말한다. 마계는 그러한 온갖 장애의 세계.

5
원자각(元字脚)

글자의 원래 출처를 밝히어 적은 주각(註脚). 각(脚)은 본문 사이에 작은 글씨를 두 줄로 써서 주해를 하니 마치 본문의 두 다리처럼 내려지므로 각(脚)이라 한다. 그리고 원(元)자의 다리는 을(乙)자이니 을(乙)은 일(一)자와 통하므로 일자(一字)라는 뜻이며, 또는 원(元)자의 다리는 인(儿)이니 인(人)과 같으므로 사람(人)이라는 뜻이라고도 한다.

6
요시저인(了事底人)

일대사(一大事)를 요달한 사람. 생사대사(生死大事)를 해결하여 마친 사람. 요사범부(了事凡夫), 요사장부(了事丈夫)라고도 한다.

7
무심도인(無心道人)

① 생각도 분별도 없는 진인(眞人). ② 거울처럼 밝게 분별하면서도 마음에 자취를 남기지 않는 도인.

乃至無老死

내지무노사

이미 무명이 다하게 되면 나고 죽음이 없게 된다.

모든 부처님도 수행하시어 다만 이 몸이 없는 곳에 이르신 것이니, 나의 몸이 이미 없어지면 생사가 어디에 있겠는가?

부처님은 자신을 보지 않으니, 이것이 바로 부처님의 지견知見이다.

경에 이르시되 "만일 아상我相·인상人相·중생상衆生相·수자상壽者相이 없으면 바로 보살이다." 하였으니, 만일 아상·인상·중생상·수자상이 있다면 보살이라 말할 수 없다.

중생들은 뒤바뀌어 눈앞의 허깨비 같은 경계에 미혹한 바가 되어서 모양과 그림자가 변동하며 사물 따라 이리저리 굴러다니게 되고, 너다 나다 하는 인아人我에 집착하기 때문에 망령된 마음이 사라지지 않는다. 아득한 무량겁 동안을 인아人我를 버리지 못하고 빛과 소리에 집착하여 생사에 떨어져서 눈앞의 것을 마주하여 견주게 되니 또한 생멸이 있는 것이다.

　자기의 참모습을 깨달은 사람에게는 눈앞에 나타나는 경계가 없으며 또한 중생이 없으니, 마음과 부처와 중생의 셋이 차별이 없다.

　평등한 진리의 세계는 부처가 중생을 제도하는 것이 아니며 한 바탕으로 같이 보게 되니 만법이 하나로 돌아간다.

　여기에 이르게 되면 태어나도 그 가운데서 태어나고 늙어도 그 가운데서 늙으며 병들어도 그 가운데서 병들고 죽더라도 그 가운데서 죽게 되는 것이다.

　만약 집에 도달한 사람到家底人이라면 나고 죽음이 있음을 보지 않게 되고 또한 생멸이 없게 되니, 옛사람이 이르시되 "한 법도 보지 않는 그분이 여래如來이시며, 비로소 관자재보살이라 부른다."고 하였다.

　천당이나 지옥과 육도六道의 사생四生이 모두 허깨비나 꿈같은 것이니, 크게 깨달은 사람大徹底人에게는 아무 상관이 없게 되어 저절로 온몸을 놓아버리게 된다.

　모든 현상은 덧없어 일체가 공空한 줄 알면 이것이 부처님의 원만하신 깨달음이다.

　일러보아라! 죽은 뒤에 태워버려 연기마저 사라지고 나면 어디로 향해 갈 것인가?

　알겠는가?

　무영수無影樹 아래에서 풍월을 읊조리고

무봉탑無縫塔 앞에서는 신명이 편안하다.

旣得無明盡 便無老死. 諸佛修行 只到無身處 我身旣無 生死何有. 佛
기득무명진 변무노사 제불수행 지도무신처 아신기무 생사하유 불

不見身是佛見. 經云 若無我相人相衆生相壽者相 卽是菩薩 若有我相
불견신시불견 경운 약무아상인상중생상수자상 즉시보살 약유아상

人相衆生相壽者相 不名菩薩. 衆生顚倒 被目前幻境所惑 形影變動 隨
인상중생상수자상 불명보살 중생전도 피목전환경소혹 형영변동 수

物流轉 因執人我 妄心不滅 迢迢塵劫 人我不除 執着聲色 墮落生死
물유전 인집인아 망심불멸 초초진겁 인아부제 집착성색 타락생사

對治目前 亦有生滅. 若是見性之人 目前無法 亦無衆生 心佛及衆生
대치목전 역유생멸 약시견성지인 목전무법 역무중생 심불급중생

是三無差別. 平等眞法界 佛不度衆生 一體同觀 萬法歸一. 到這裏 生
시삼무차별 평등진법계 불부도중생 일체동관 만법귀일 도저리 생

卽從他生 老卽從他老 病卽從他病 死卽從他死. 若是到家底人 不見有
즉종타생 노즉종타노 병즉종타병 사즉종타사 약시도가저인 불견유

生死 亦無生滅. 古云 不見一法卽如來 方得名爲觀自在. 天堂地獄 六
생사 역무생멸 고운 불견일법즉여래 방득명위관자재 천당지옥 육

道四生 一切幻化 於大徹底人 惣無交涉 自然全身放下. 諸行無常一切
도사생 일체환화 어대철저인 총무교섭 자연전신방하 제행무상일체

空 卽是如來大圓覺. 且道. 死了燒了 向甚麽處去. 會麽. 無影樹下 嘯
공 즉시여래대원각 차도 사료소료 향심마처거 회마 무영수하 소

月吟風 無縫塔前 安身立命.
월음풍 무봉탑전 안신입명

경운(經云)~

『금강경』을 말한다.

① 아상(我相) - 오온이 화합하여 생긴 몸과 마음에 실재의 나(我)가 있다고 생각하고, 또 내 것이 있는 줄로 생각하는 무명의 아집(我執).

② 인상(人相) - 오온으로 화합하여 생긴 것 가운데 우리는 사람이니까 지옥이나 축생과는 다르다고 집착하는 것.
③ 중생상(衆生相) - 깨달음을 이루지 못한 뭇 생명들이 분별하며 소중히 여기는 집단의 열등의식.
④ 수자상(壽者相) - 우리는 선천적으로 길든 짧든 간에 일정한 목숨을 받았다고 생각하는 견해.

2
인아(人我)
① 나와 남, 자기와 다른 이라는 뜻. ② 오온이 화합하여 이루어진 신체에 주재(主宰)하는 나(我)가 있다는 견해. 이런 견해를 인아견(人我見), 또는 아견(我見)이라 한다.

3
도가저인(到家底人)
생사의 나그네 생활을 끝내고 고향집에 돌아온 사람. 자기의 참모습을 바로 깨달아 일을 마친 사람.

4
고운(古云)~
영가 현각(永嘉玄覺) 선사의 『증도가』 구절.

5
천당(天堂)
천상세계에 있는 화려한 궁전. 또는 천상세계.

6
대철저인(大徹底人)
아주 끝까지 관철하여 바닥까지 사무친 사람. 대오철저인(大悟徹底人).

7
무영수(無影樹)
그림자 없는 나무. 진여(眞如)를 비유한 말. 무근수(無根樹)와 같다.

무봉탑(無縫塔)

이은 짬이 없이 이루어진 탑. 한 덩이의 돌로 이루어진 탑. 난탑(卵塔). 진리를 상징한다.

亦無老死盡

역무노사진

도를 배우는 사람들이 파초껍질을 벗기듯이 한 꺼풀 벗겨내고 또 한 꺼풀 벗겨내어 곧바로 모든 것을 다 벗겨버려 더 손댈 곳이 없게 되면 본래의 근원으로 되돌아 간 것이니 오온이 공하여져 부모에게서 생겨나기 전과 같으리라.

　　모든 것을 다 태워 없애버리면 공하여도 공하지 않은 곳에 이르러 이 몸을 벗어나 모든 것을 잊고서 자취마저 사라지고 나면 온몸이 그대로 손이며 눈이니, 거기에는 가는 먼지 하나라도 묻힐 수가 없으며 이름조차 붙일 수가 없게 되어 십이인연법十二因緣法과 육도六度의 온갖 만행萬行과 두타頭陀의 모든 고행을 한꺼번에 벗어나 마치 마른 나무등걸 같고 식어버린 재와 같게 되니 '도무지 알 수 없는 사람百不會

底人'이라 하는 것이다.

옛사람이 이르시되 "마음을 쉬거나 망상을 없애는 것이 아니라, 모든 인연에 무엇 하나 사량思量할 것이 없다."고 하였다.

여기에 다시 생生을 말하고 사死를 말하고 인因을 말하고 과果를 말하며 마음心을 말하고 성性을 말하더라도 마음은 뿌리根요 경계法란 티끌塵이니 이 두 가지는 마치 거울 위에 묻은 자국과 같다. 자국과 때 먼지가 모두 다 사라져야 비로소 밝은 빛이 나타나게 되듯이 마음과 경계가 둘 다 없어져야 바야흐로 나고 죽음이 없는 경지에 이르게 되리라.

사람과 경계가 다 사라지고 나면 다시 이는 어떤 물건일까?
알겠는가?

나무장승 한밤중에 신을 신고 가더니
돌계집이 새벽녘에 갓을 쓰고 돌아오네.

學道之人 如剝芭蕉 去一重又去一重 直得去盡 無下手處 反本還源 得
학도지인 여박파초 거일중우거일중 직득거진 무하수처 반본환원 득

五蘊空 如未生相似 燒了一般 到空不空處 脫體全忘 不存蹤跡 通身手
오온공 여미생상사 소료일반 도공불공처 탈체전망 부존종적 통신수

眼 不立纖塵 名字不可得 十二因緣 六度萬行 頭陀苦行 一時頓脫 如
안 불립섬진 명자불가득 십이인연 육도만행 두타고행 일시돈탈 여

枯木 如死灰 百不會底人. 古云 不是息心除妄想 都緣無事可思量. 若
고목 여사회 백불회저인 고운 불시식심제망상 도연무사가사량 약

更說生說死 說因說果 說心說性 心是根 法是塵 兩種猶如鏡上痕 痕垢
갱설생설사 설인설과 설심설성 심시근 법시진 양종유여경상흔 흔구

盡除光始現. 心法雙忘. 方到無生死之地. 人法俱忘. 復是何物. 會麼. 木
진제광시현 심법쌍망 방도무생사지지 인법구망 부시하물 회마 목

人牛夜穿靴去 石女天明戴帽歸.
인반야천화거 석녀천명대모귀

1

반본환원(反本還源)

반본(反本)은 본래의 시발점으로 돌아가는 것이며, 환원(還源)은 근원으로 돌아가는 것이니, 본래의 근원에 되돌아감을 말한다. 반진귀원(反眞歸源), 환지본처(還至本處)와 같음.

2

십이인연(十二因緣)

(p.175 無無明 2번 注 참조)

3

육도만행(六度萬行)

육도(六度)는 육바라밀(六波羅蜜)(p.055 波羅 1번 注 참조). 육바라밀의 온갖 수행을 말함.

4

두타고행(頭陀苦行)

두타는 범어 dhūta의 음역(音譯). 수치(修治), 기제(棄除), 도태(淘汰)라 번역. 번뇌의 티끌을 없애고 의식주를 검소하게 하며 청정하게 불도를 수행하는 것. 두타에 12종의 행이 있다. ① 인가를 멀리 떠나 한적한 곳에 있는 것. ② 언제나 밥을 빌어서 생활함. ③ 빈부를 가리지 않고 차례로 걸식함. ④ 한 자리에서 하루 한 번만 먹음. ⑤ 발우(식기) 안에 든 것으로 만족함. ⑥ 정오가 지나면 먹지 않음. ⑦ 헌 옷을 빨아서 기워 입음. ⑧ 옷은 세 벌밖에 두지 않음. ⑨ 무덤 곁에 머물면서 무상관(無常觀)을 수행함. ⑩ 있는 곳에 애착을 여의기 위해 나무 밑에 있는 것. ⑪ 노지(露

地)에 앉는 것. ⑫ 앉기만 하고 눕지 않음.

5
백불회저인(百不會底人)

도무지 만날 수 없는 사람. 골백번 생각해도 도무지 알 수 없는 사람. 본래인(本來人)을 말함.

6
고운(古云)~

남대(南臺) 수안(守安) 선사에게 어느 스님이 묻기를 "적적해서 의지할 것이 없을 때는 어떻습니까?" 하니, 다음 게송으로 답하였다.

남대정좌일로향(南臺靜坐一爐香)
종일응연만려망(終日凝然萬慮忘)
불시식심제망상(不是息心除忘想)
도연무사가사량(都緣無事可思量)

남대가 향로처럼 고요히 앉아서
종일토록 응연히 온갖 생각 잊었으니
마음 쉬고 망상을 없애는 것 아니라
모든 인연 무엇 하나 생각함이 없다네.

7
인법(人法)

나와 경계. 주관과 객관. 인식과 대상.

無苦集滅道

무고집멸도

■

　소승小乘의 법을 수행하는 사람들은 밤낮으로 부지런히 정진하며 육도六度의 만행을 힘쓰지만 마음 밖에서 법을 구하니 이 고집멸도苦集滅道의 사제四諦를 면하고 삼계를 벗어나 윤회를 면하고자 하더라도 그렇게 될 수가 없는 것이다.
　　모든 부처님께서는 일대사인연一大事因緣을 위하여 이 세상에 출현하시어 소승법으로는 중생을 제도하시지 않으셨다.
　　대승大乘의 법을 수행하는 사람들은 무위법無爲法을 배우는 것이니, 단정히 앉아서 모든 법의 참모습實相을 생각해 보면 온갖 죄업은 아침 이슬이나 서리와 같아서 지혜의 해가 능히 녹여 없애게 되며, 한가한 곳에 있으면서 그 마음을 거두어 잡아서 단정히 움직이지 않고 일체의 법을 관觀해 보면 모든 것이 참으로 있는 것이 아니다.

　　사대四大를 돌이켜 살펴보면 몸이 있는 것은 깨달음의 본체가 아니고 모양 없는 것이 밝고도 진실한 것이니 스스로 공적함을 알게 되리라. 공적함을 알게 되면 단번에 모든 것이 깨끗하여져 공덕功德이라 할 수 없는 참 공덕이 기나긴 세월에도 무너지지 않고 여여如如히 움직이지 않으면서 깊고 맑은 물처럼 언제나 고요하리라.

　　　　이 세상의 모든 법은 끝없는 옛적부터
　　　　언제나 스스로 적멸寂滅의 모습이네.
　　　　불자佛子가 이와 같이 불도를 수행하면
　　　　오는 세상 반드시 부처를 이루리라.

　　선정禪定과 지혜의 힘으로 장엄하면 미혹함도 없고 깨달음도 없으며 괴로움도 없고 즐거움도 없으며 괴로움과 즐거움의 원인集도 없고 적멸寂滅도 없으며 적멸에 이르는 길道도 없고 덕德도 없으며 지혜도 없고 잃어버릴 것도 없으니 "본래에 한 물건도 없는 것이니 밝은 거울도 또한 틀臺이 아니다."라고 하였다.

　　여기에 이르게 되면 닦아 증득함은 없지 않으나 물들여 더럽힐 수는 없으며 한 번에 곧바로 여래如來의 경지에 뛰어들게 되는 것이다.

　　여래를 보고 싶은가?

　　　　대숲이 우거져도 흐르는 물 막힘없고
　　　　태산이 높다 해도 흰 구름은 걸림없네.

小乘之人 日夜精進 六度萬行 心外求法 免此四諦出三界 免輪廻 無有
소승지인 일야정진 육도만행 심외구법 면차사제출삼계 면윤회 무유
是處. 諸佛爲大事因緣 出現於世 不以小乘法 濟度於群生. 大乘之者
시처 제불위대사인연 출현어세 불이소승법 제도어군생 대승지자
學無爲法 端坐念實相 衆罪如霜露 慧日能消除. 在於閑處 收攝其心
학무위법 단좌념실상 중죄여상로 혜일능소제 재어한처 수섭기심
端然不動 觀一切法 皆無所有. 反觀四大 有身非覺體 無相乃明眞 自
단연부동 관일체법 개무소유 반관사대 유신비각체 무상내명진 자
知空寂. 今知空寂 頓脫淨盡 無功之功 長劫不壞 如如不動 湛然常寂.
지공적 금지공적 돈탈정진 무공지공 장겁불괴 여여부동 담연상적
諸法從本來 常自寂滅相 佛子行道已 來世得作佛. 定慧力莊嚴 無迷無
제법종본래 상자적멸상 불자행도이 내세득작불 정혜력장엄 무미무
悟 無苦無樂 無集無滅 無道無德 無慧無失 本來無一物 明鏡亦非臺.
오 무고무락 무집무멸 무도무덕 무혜무실 본래무일물 명경역비대
到這裏 修證卽不無 染汚卽不得 一超直入如來地. 要見如來麽. 密竹不
도저리 수증즉불무 염오즉부득 일초직입여래지 요견여래마 밀죽불
妨流水過 山高豈礙白雲飛.
방류수과 산고기애백운비

소승(小乘)

대승(大乘)의 반대되는 말. 승(乘)이란 수레를 말함. 작은 수레는 혼자밖에 탈 수 없으므로 많은 사람을 이상세계로 싣고 가지 못한다. 부처님께서 근기가 얕은 사람들을 위해 가르치신 교법 가운데 사제법(四諦法)을 깨치면 아라한이 되고 십이인연법(十二因緣法)을 깨치면 연각(緣覺)·벽지불(辟支佛)이 된다. 자리(自利)를 위주로 수행함.

사제(四諦)

범어 catur-ārya-satya. 사성제(四聖諦)라고도 한다. 제(諦)는 불변하는

여실(如實)한 진리라는 뜻.
① 고제(苦諦) - 현실의 인생은 괴로움(苦)이며 안락할 수 없다는 것이 진리이므로 고제라 한다.
② 집제(集諦) - 고(苦)의 원인. 집은 집합(集合)한다는 뜻. 괴로움의 원인은 번뇌인데 특히 애욕과 업(業)이 모인 것을 집제라 한다.
③ 멸제(滅諦) - 깨달음의 목표. 멸은 적멸(寂滅)의 뜻. 곧 이상의 열반을 말한다.
④ 도제(道諦) - 열반에 이르는 길. 곧 실천하는 방법. 이 실천방법에 여덟 가지 길[八正道]이 있다.
1. 정견(正見): 편견을 떠난 바른 견해. 곧 진리를 바로 보는 것.
2. 정사유(正思惟): 사제(四諦)의 이치를 추구하고 관(觀)이 더욱 진취하게 함.
3. 정어(正語): 정견과 정사유에 의해 거짓말이나 삿된 말을 하지 않음.
4. 정업(正業): 정견과 정사유에 의해 행동하는 것.
5. 정명(正命): 생각이나 말과 행동으로 악업을 짓지 않고 정당한 생활을 함.
6. 정정진(正精進): 일심으로 노력하여 악을 버리고 선을 지어 나가는 것.
7. 정념(正念): 바른 생각으로 수행에 전념하는 것.
8. 정정(正定): 산란한 생각을 거두어 마음을 안정하는 것.

3
대사인연(大事因緣)

일대사인연(一大事因緣)이라 한다. 극히 중요한 인연이라는 뜻. 부처님이 세상에 출현하신 것은 대승·소승 등의 온갖 차별한 근기들을 인도하여 모두가 부처를 이루도록 하기 위함이니 이를 일대사인연이라 한다.

4
무위법(無爲法)

모든 법의 진실한 본체(本體)를 뜻하는 범어 asaṃskṛta의 번역. 조작(造作)하지 않고 변천이 없는 진리를 말함. 법성·실상·진여 등은 무위의 다른 이름이다.

5

제법종본래(諸法從本來)~

『법화경』의 사구게(四句偈)이다.

6

본래무일물 명경역비대(本來無一物 明鏡亦非臺)

(p.221 心無罣碍 8번 注 참조)

7

수증즉불무 염오즉부득(修證卽不無 染汚卽不得)

(p.153 不增不減 3번 注 참조)

無智亦無得

무지역무득

'지혜도 없고 얻음도 없다.'는 이 구절에 자신을 반조해 보면, 영원히 변치 않는 것이란 없으니 어찌 무엇을 얻을 수가 있겠는가?

　　사람도 없거니와 부처도 없으며 마음도 아니고 부처도 아니며 물건도 아니니 일체 모든 성현들도 번갯불과 다름이 없다.

　　이런 경지에 이르게 되면 도적이 빈 집에 들어간 것처럼 얻을 것이 없으니 갖가지 견해를 여의고 몸뚱이를 벗어나서 의지할 것이 없어진다. 자기의 본성은 청정하여 참으로 한 법도 뜻에 마땅한 것이 없는 것이다.

　　본래에는 법이 있다 전하여 주더니

전하고 나서는 법이 없다 말하네.
제각기 힘써서 스스로 깨달아라.
깨달아 알고 보면 법 없음도 없으리라.

얻음이 없고 잃음도 없으며 힘써 정진할 것도 없고 수행할 것도 없으니 연등불然燈佛에게서 한 법도 수기受記한 것이 없느니라.

가슴 속에 털끝만큼이라도 '얻은 것이 있고 잃은 것이 있다.'든가 '나는 능력이 있다.' '나는 알았다.' '나는 깨달았다.' '나는 통달했다.' '나는 총명하다.' '나는 지혜롭다.' '도道가 있고 덕德이 있다.'고 하는 생각이 있다면 이런 것이 모두 증상만增上慢이니, '너와 나'를 버리지 못하여 모두 생사生死에 떨어지고 말게 된다.

만일 참으로 진실한 사람이라면 모든 것이 이렇지 않고 스스로 생사의 세계를 벗어나는 길이 있으니, 어떤 것이 생사를 벗어나는 진실한 길인가?

어제 누가 천태天台에서 왔다가는
도리어 남악南岳으로 지나갔다네.

此句 反照自身 常不可得 豈有得乎. 亦無人 亦無佛 不是心 不是佛 不
차구 반조자신 상불가득 기유득호 역무인 역무불 불시심 불시불 불
是物 一切聖賢如電拂. 到這裏 如賊入空屋 得無所得 離種種見 脫體
시물 일체성현여전불 도저리 여적입공옥 득무소득 리종종견 탈체
無依. 自性淸淨 實無一法可當情. 本來付有法 付了言無法 各各須自悟
무 의 자성청정 실무일법가당정 본래부유법 부료언무법 각각수자오

悟了無無法. 無得無失 無進無修 然燈佛² 無一法受記.³ 胸次纔有絲毫
오료무무법 무득무실 무진무수 연등불   무일법수기   흉차재유사호

有得有失 我能我會 我悟我達 我聰明我智慧 有道有德 盡是增上慢⁴ 人
유득유실 아능아회 아오아달 아총명아지혜 유도유덕 진시증상만 인

我不除 皆墮生死. 若是眞實底人 惣不如此 自有出身之路⁵ 如何是出身
아부제 개타생사 약시진실저인 총불여차 자유출신지로 여하시출신

之路. 昨日有人從⁶天台來 却過⁷南岳去.
지로   작일유인종 천태래 각과 남악거.

1
본래부유법(本來付有法) ~ 云云
부처님 제자인 아난(阿難) 존자의 게송이다.

2
연등불(然燈佛)
정광불(錠光佛)이라고도 함. 석가모니 부처님이 과거세에 수행하고 있을 때 이 부처님에게서 "미래에 반드시 성불하리라." 하는 수기(授記)를 받았다고 한다.

3
수기(受記)
다음 세상에 부처가 되리라는 예언을 받음.

4
증상만(增上慢)
훌륭한 교법과 깨달음을 얻지도 못하고서 얻었다고 잘난 체하는 거만. 자기 자신을 과대 평가하는 것.

5
출신지로(出身之路)
출신활로(出身活路)와 같은 말이니, 생사의 세계인 번뇌의 불타는 집 (火宅)과 망상의 고해(苦海)를 벗어나 큰 자유와 해탈을 얻는 길. 열반

으로 가는 바른 길.

6
천태(天台)
중국 절강성(浙江省) 천태현(天台縣)의 서쪽에 있는 산 이름. 중국 천태종(天台宗)의 성지(聖地).

7
남악(南岳)
중국 오악(五岳)의 하나인 남쪽에 있는 형산(衡山)을 말함. 호남성(湖南省)에 있음.

以無所得故

이무소득고

수행인이 아무것도 얻을 바 없는 여기에 이르게 되면 원돈圓頓의 지위에 들어가는 것이다.

중생들이 어찌하여 생사에 떠돌아다니면서 벗어나지 못하는가? 다만 중생들이 자기의 본성을 바로 보지 못하고 지혜가 부족하니 한량없는 공空의 참다운 이치를 널리 알지 못하며, 가슴속에 배워서 아는 지식이 본심을 그르치기 때문이다.

얻어 듣고 배워 아는 지식이라는 것은 참다운 자기의 보배가 될 수 없건마는 중생들이 그런 간혜乾慧에 가려져서 이치로만 이리저리 널리 따지니 그 해독이 마음속에 배어들고 가슴속에 쌓이어 증상만增上慢을 이루는 것이다.

옛사람이 이르시되 "먼지 하나라도 있으면 이것이 허물이 된다." 하시고, "한 가리개가 눈에 있게 되면 온 세상에 헛꽃이 생기게 되나니, 가리개가 사라지지 않으면 문 밖을 나서지 않는데도 천하의 일을 알게 되지만 가리개가 사라지고 나면 비로소 암자 안의 사람이 암자 밖의 일을 보지 않게 됨을 알게 된다."고 하였다.

모름지기 이 말을 참구하여 이 세상 생겨나기 전과 같은 곳에 이르게 되면 두 가지 견해에 떨어지지 않고 근본으로 돌아가서 참뜻을 얻게 되지만, 다만 조금이라도 무엇을 얻은 것이 있다면 너와 나에 집착하여 아만을 버리지 못하고 가벼이 쉽게 여기는 마음을 내게 되리라.

선성善星 비구는 유타維陀 경전을 강의하는 이였는데 증상만增上慢을 버리지 못하여 산 채로 지옥에 떨어졌으며, 운광雲光 법사는 강의를 하면 하늘에서 꽃비가 어지러이 내리기도 했지만 탐욕과 성내는 마음을 고치지 못하였기 때문에 방죽의 소堰牛로 태어나게 되었고, 서천西天의 장조 범지長爪梵志는 강의를 하면 하늘의 제석천帝釋天과 염라노자閻羅老子가 와서 법문을 듣게 되어 지옥의 괴로움을 면하였지만 천상에 오르지 못하였는데, 부처님을 뵈옵고 법문을 청하여 듣고는 비로소 깨닫게 되었다.

만일 부처와 조사를 뛰어넘고자 한다면 모름지기 이 생각생각을 비워서 고요히 하여라. 세간의 모든 것은 환화幻化이며 일체가 번뇌 망상이니라.

허공의 본바탕에는 소리나 빛이 있지 않으니 이 세계와 같고 허공과도 같으면, 이것이 일 마쳐서 안락한 청정도인淸淨道人이다.

청정도인을 보고 싶은가?

나 때문에 그대에게 절하게 되었다니
납승衲僧의 눈에는 도깨비로 보인다네.

낭주朗州의 산이요, 예주澧州의 물이로다.

修行人 到這裏 入圓頓之位. 衆生因何流浪 不能出期. 只爲不曾見性
수행인 도져리 입원돈지위 중생인하유랑 불능출기 지위부증견성
勘於智慧 不能廣知無量空義 胸次學解 悞却本心. 從門入者 不是家
선어지혜 불능광지무량공의 흉차학해 오각본심 종문입자 불시가
珍 衆生被其乾慧 廣覽義理 蠱毒入心 蘊在胸懷 成增上慢. 古云 纔有
진 중생피기간혜 광람의리 고독입심 온재흉회 성증상만 고운 재유
纖毫卽是塵 一翳在眼 遍界空生 翳若不銷 不出門 知天下事 翳若銷
섬호즉시진 일예재안 변계공생 예약불소 불출문 지천하사 예약소
盡 始知庵內人 不見庵外事. 須是叅究 到空劫齊 不落第二見 歸根得
진 시지암내인 불견암외사 수시참구 도공겁제 불락제이견 귀근득
旨. 纔有所得 執着人我 我慢不除 便生輕易. 善星比丘 講得維陀經典
지 재유소득 집착인아 아만부제 변생경이 선성비구 강득유타경전
者 上慢不除 生陷地獄. 雲光法師 講得天花亂墜 貪嗔不改 墮落堰牛.
자 상만부제 생함지옥 운광법사 강득천화란타 탐진불개 타락언우
西天長爪梵志 講得天帝釋 閻老來聽法 免地獄苦 不得騰空 見佛請益
서천장조범지 강득천제석 염노래청법 면지옥고 부득등공 견불청익
聞佛方悟. 若要超佛越祖 須是念念空寂 世間幻化 一切客塵. 太虛之體
문불방오 약요초불월조 수시염념공적 세간환화 일체객진 태허지체
聲色不存 如世界如虛空 是了事安樂淸淨道人. 要見淸淨道人麽. 因我
성색부존 여세계여허공 시요사안락청정도인 요견청정도인마 인아
得禮你 衲僧眼見鬼. 朗州山 澧州水.
득례니 납승안견귀 낭주산 예주수

1
종문입자 불시가진(從門入者 不是家珍)
자기의 주견(主見)에서 우러난 것이 아닌 밖에서 얻어 듣고 배운 지식이란 결코 참다운 자기의 보배가 될 수 없다는 말.

2
간혜(乾慧)
지혜가 있으나 아직 법성(法性)의 이치를 철저히 깨치지 못하면 마른 지혜라 한다.

3
고독(蠱毒)
남을 해치는 나쁜 독약. 고(蠱)는 남을 해치려는 푸닥거리에 쓰는 벌레이다.

4
재유섬호즉시진(纔有纖毫卽是塵)
한 생각 일으키면 벌써 육진(六塵) 경계가 나타나게 되어 허물을 일으킨다는 뜻. 보지공(寶誌公) 화상의 십이시송(十二時頌) 가운데 인시송(寅時頌)에 나온다. [인시(寅時)는 새벽 3시~5시 경]

평단인(平旦寅)
광기내유도인신(狂機內有道人身)
궁고이경무량겁(窮苦已經無量劫)
불신상경여의진(不信常擎如意珍)
약축물 입미진(若逐物 入迷津)
재유섬호즉시진(纔有纖毫卽是塵)
부주구시무상모(不住舊時無相貌)
외구지식야비진(外求知識也非眞)
먼동 트는 새벽이여!
어리석은 거짓 속에 도인 몸이 있으니

가난하고 괴로움에 무량겁을 지내면서
언제나 매여 있는 여의주를 믿지 않네.
사물을 좇다보면 미혹 속에 빠져들고
먼지 하나 묻게 되면 이것이 허물되어
모양 없는 본래 모습 영영 잃고 말게 되니
바깥으로 찾는 지식 참된 것이 아니로다.

5
일예재안 변계공생 (一翳在眼 遍界空生) ~

예(翳)는 가리개, 즉 장애물이다. 눈(眼)에 눈병이 나거나, 티가 들거나, 또는 손으로 눈을 꾹 누르면 온통 갖가지 헛꽃(空華)이 생겼다 사라졌다 한다. 이와 같이 한 생각이 일어나면 온갖 차별경계가 나타남을 비유한 말.

천의 의회(天衣義懷) 선사가 『법화경』에 "구경열반(究竟涅槃)의 항상 적멸한 모습은 마침내 공(空)으로 돌아간다."고 한 말에 대하여, "한 가리개가 눈에 있게 되면 온 세상에 헛꽃이 생기나니, 가리개가 사라지지 않으면 문 밖을 나서지 않고 천하의 일을 알게 되지만 가리개가 사라지고 나면 비로소 암자 안의 사람이 암자 밖의 일을 보지 않는 줄 알게 되리라."고 착어(着語)하였다.

6
제이견 (第二見)

상대적 분별의 견해. 이견(二見)과 같음.

7
선성 (善星)

인도 사람. 출가하여 12부 경전을 독송하여 욕계의 번뇌를 끊고 제4선정을 얻었다가, 나쁜 친구를 사귀어 사견(邪見)을 일으켜 부처님께 대하여 나쁜 마음을 내었기 때문에 니련선하의 언덕에서 대지가 갈라지며 산 채로 아비지옥에 떨어졌다고 한다.

8
비구(比丘)

범어 bhikṣu의 음역. 출가한 남자 승려를 말함.

9
유타(維陀)

범어 Veda의 음역. 바라문교(波羅門敎)의 근본 경전으로 리그베다(Ṛg-Veda), 사마베다(Sāma-Veda), 야주르베다(Yajur-Veda), 아타르바베다(Atharva-Veda)의 4종이 있다.

10
운광(雲光)

중국 양(梁)나라 때의 스님. 경전을 잘 강의하였으나 탐욕심이 많았으며 시주물을 많이 모아 쌓아두기만 하였다 한다. 보지공(寶誌公) 스님이 "시주물은 참으로 녹이기가 어려운 것이다."고 하니, 운광은 "능히 녹이고도 능히 녹인다."고 하였으나, 능히 그런 경지에 도달하지 못하였기 때문에 그 시주물에 대한 빚을 갚느라고 죽어서 소가 되었다고 전한다. 보지공이 이를 게송으로 읊었다.

운광법설천화락(雲光法說天花落)
일시가찬각작우(一匙加飡却作牛)
견거직상곤륜산(牽車直上崑崙山)
혈루연연유미휴(血淚漣漣猶未休)
운광이 설법하면 하늘꽃이 내렸지만
한 술 밥을 더 먹더니 소의 몸이 되어서
곤륜산 꼭대기로 수레 끌고 올라가며
피눈물이 줄줄 흘러 멈추지를 않는구나.

11
장조 범지(長爪梵志)

구치라(Kauṣṭhila). 사리불의 외삼촌. 손톱이 태어나면서부터 길었으므로 장조(長爪)라 한다. 범지(Brāhmaṇa)는 바라문을 가리키는 말로, 고대 인도에서 우주의 최고 원리인 범(梵, Brahman)에 뜻을 두고 구하는 자이므로 범지(梵志)라고 한다. 장조 범지는 뒤에 부처님께 귀의하였는데 변재가 뛰어나 부처님 제자 가운데 문답제일(問答第一)이라 하였다.

12
천제석(天帝釋)

범어 Śakra-devānām-indra. 하늘의 제석(帝釋)을 말하며 제석천(帝釋天), 석제환인다라(釋帝桓因陀羅)라 함. 제(帝)는 '인다라'의 번역. 석(釋)은 '석제'의 음역. 한문과 범어를 함께 한 이름. 환인(桓因)이라고도 한다. 수미산 꼭대기 도리천(忉利天)의 천주(天主). 사천왕(四天王)과 32천을 통솔하면서 불법을 보호한다고 함. [우리나라의 건국 설화에 나오는 환인(桓因)이 제석천이며, 도가(道家)에서는 옥황상제(玉皇上帝)라고 한다.]

13
염노(閻老)

범어 Yama-rāja. 염라노자(閻羅老子)의 준말. 염라대왕을 말한다. 생전에 지은 죄악에 대하여 형벌을 맡은 저승의 왕. 야미(Yami)라는 왕의 누이가 있어 일체 여성을 심판하고, 야마(Yama)라는 형이 있어 일체 남성을 심판한다고 함. 즉 염라대왕은 모든 착하지 못한 짓을 막고 착한 일을 권장하면서 중생들을 이익케 하는 것이다.

14
청익(請益)

학인(學人)이 스승에게 법익(法益)을 청하는 것. 더욱 상세히 가르쳐 주기를 청함.

15
인아득례니(因我得禮你)

현사(玄沙) 스님께서 어떤 스님이 와서 절을 하는 것을 보고 말하시기를 "나 때문에게 그대에게 절을 하게 되었구나." 하였다.

16
납승(衲僧)

납(衲)은 누덕누덕 기워 만든 옷. 승려는 이렇게 기운 옷으로 몸을 가리므로 납승이라 한다. 납자(衲子)라고도 한다.

17
낭주산 예주수(郞州山 澧州水)

장사(長沙) 경잠(景岑) 선사가 어느 스님을 여회(如會) 화상에게 보내어 묻기를 "화상께서 남전(南泉) 스님을 만나기 전(깨닫기 전)에는 어떠했습니까?" 하니, 아무 말이 없었다. 그 스님이 다시 묻기를 "만난 뒤(깨달은 뒤)에는 어떻습니까?" 하니, 여회 화상이 "별다른 게 없느니라." 하였다. 그 스님이 돌아와서 경잠 선사께 이야기하니, 다음 게송을 지어 보였다.

백척간두부동인(百尺竿頭不動人)
수연득입미위진(雖然得入未爲眞)
백척간두수진보(百尺竿頭須進步)
시방세계시전신(十方世界是全身)
백 척 높이 장대 끝에 까딱 않는 그 사람은
들어가긴 하였어도 참다운 것 아니니
백 척 장대 끝에서도 한 걸음을 더 나가야
시방세계 그대로가 온전히 한 몸 되리.

그 스님이 다시 묻기를 "백 척의 장대 끝에서 어떻게 한 걸음을 더 나아갑니까?" 하니, 선사가 말하시기를 "낭주의 산이요, 예주의 물이니라." 하였다. 그 스님이 "모르겠습니다." 하니, 선사가 이르시되 "사해(四海)와 오호(五湖)가 왕의 덕화(德化) 속에 있느니라." 하였다. 낭주와 예주는 산과 물이 유명한 고장 이름이다.

菩提薩埵

보리살타

주관인 내가 공空함을 요달하면 '보리'라 하고 객관인 경계가 공함을 요달하면 '살타'라고 하며, 나와 경계가 모두 공하면 묘각妙覺이라 부른다.

　　네 가지 성과聖果를 얻게 되는 소승小乘들은 상相에 집착하여 수행하므로, 고행하며 정진하여 무루無漏를 닦아 한량없는 미혹을 끊어 과행果行이 원만하여 네 번째 성과聖果인 아라한阿羅漢을 얻게 될지라도 노루가 혼자 뛰어다니는 것과 같아서 신통이 편협하고 졸렬하여 성문聲聞과 벽지불辟支佛에 떨어지게 되니 능히 중생들을 이롭게 하지 못한다.

　　만약 견성見性하지 못하면 만 겁이 지나더라도 부처를 이루지 못한다. 만일 부처님의 지위圓頓之位에 들어가고자 한다면 모름지기 견성을 하여야 할 것이다.

만일 견성見性하게 되면 손바닥을 뒤집는 사이에 범부를 돌이켜 성인을 이루게 될 것이며, 자연스런 기연機緣에 부처님의 삼매를 깨달아서 무사지無師智와 자연지自然智의 여러 가지 방편으로 모든 중생들을 제도하여 다 함께 피안에 이르게 되어 다시는 생사를 받지 않으리라.

교외별전敎外別傳은 한 치의 칼날도 힘들이지 않고 원각圓覺의 걸림 없는 법문法門에 들어가게 되나니, 어떤 것이 걸림 없는 법문인가?

여기에서 서천西天이 십만 리가 넘는다네.

了得人空 名曰菩提 了得法空 名曰薩埵 人法俱空 名曰妙覺 四果小乘
요득인공 명왈보리 요득법공 명왈살타 인법구공 명왈묘각 사과소승
著相修行 精進苦行 修無漏 斷塵沙惑 果行圓滿 得四果阿羅漢 如獐獨
착상수행 정진고행 수무루 단진사혹 과행원만 득사과아라한 여장독
跳 神通狹劣 墮在聲聞 辟支佛 不能接物利生. 若不見性 萬劫不能成佛.
도 신통협열 타재성문 벽지불 불능접물이생 약불견성 만겁불능성불
若要入圓頓之位 須是見性. 若得見性 反掌之間 轉凡成聖 自然機緣 悟
약요입원돈지위 수시견성 약득견성 반장지간 전범성성 자연기연 오
佛三昧 無師智 自然智 多種方便 度諸迷悟 同到彼岸 更不受生. 敎外別
불삼매 무사지 자연지 다종방편 도제미오 동도피안 갱불수생 교외별
傳 不勞寸刃 入圓覺無礙法門 如何是無礙法門. 此去西天十萬餘.
전 불로촌인 입원각무애법문 여하시무애법문 차거서천십만여

1
보리(菩提)

범어 bodhi. 도(道)·지(智)·각(覺)이라 번역. 정각(正覺)의 지혜를 말한다.

2
살타(薩埵)

범어 sattva. 유정(有情)이라 번역. 또는 중생이라고도 한다. '보리'와 '살타'를 합하여 '보리살타', 줄여서 '보살'이라 하니 깨달은 중생[覺有情], 중생을 깨닫도록 하는 이, 깨달음을 얻기 위해 노력하는 이라는 뜻이다.

3
사과(四果)

소승 증과(證果)의 네 가지 계위(階位).
① 수다원(須陀洹) - 범어 srotāpanna. 무루도(無漏道)에 처음 들어간 지위.
② 사다함(斯多含) - 범어 sakṛdāgāmin. 일래과(一來果), 욕계의 사욕(思慾)을 아직 끊지 못하여 한 번 욕계에 태어나게 되는 지위.
③ 아나함(阿那含) - 범어 anāgāmin. 불환과(不還果), 욕계에서 죽은 후에 색계나 무색계의 세계에 나며 번뇌가 없어져 다시는 돌아오지 않게 되는 지위.
④ 아라한(阿羅漢) - 범어 arhan의 음역. 응공(應供)·불생(不生)·이악(離惡)이라 번역. 소승법을 수행하여 얻은 가장 높은 지위. 부처님 십호(十號) 가운데 하나이기도 함.

4
벽지불(辟支佛)

범어 pratyeka-buddha. 벽지가불(辟支迦佛)이라고도 한다. 연각(緣覺)을 말함. 부처님 없는 세상에 나서 꽃이 피고 잎이 지는 등의 바깥 인연에 의하여 스승 없이 혼자 깨달은 이.

5
기연(機緣)

① 기(機)는 시기, 연(緣)은 인연이라는 뜻의 숙어로 기회를 말함.
② 중생의 근기가 부처님이나 조사의 교화를 받는 인연.

6
불삼매(佛三昧)

부처님의 삼매, 삼매는 범어 samādhi의 음역. 정(定), 등지(等持)라 번역.

산란한 마음을 한 곳에 모아 흐트러짐이 없게 하여 망념에서 벗어나는 것.

7
무사지(無師智)
스승에게 배운 것이 아니라 스스로 깨달아서 얻은 지혜. 곧 부처님의 지혜.

8
자연지(自然智)
공용(功用)을 빌리지 않고 자연히 생긴 부처님의 모든 지혜.

9
교외별전(敎外別傳)
선종에서 언어나 문자를 떠나서 따로 마음으로 마음에 전하는 것을 교외별전이라 한다.

依般若波羅蜜多故

의반야바라밀다고

　이 가운데 여섯 글자인 '반야바라밀다'는 이 앞의 여러 가지 해설에 의하여 얻은 대지혜大智慧이며, 가장 높고도 수승한 '본성을 깨달은 반야悟性般若'이니 하늘 위나 하늘 아래에 그 어떤 것으로도 미칠 수 없는 것이다.

　옛사람이 이르기를 "천 일 동안 일반 지혜를 배우는 것이 하루 동안 반야를 배우는 것만 못하다."고 하였다.

　반야는 대광명장大光明藏을 꿰뚫는 것이니, 어떤 사람이 바다에 들어가면 들어갈수록 점점 더 깊어지는 것과 같이 부처님의 지견知見을 열어 보이고 부처님의 지견을 깨닫고 부처님의 지견에 들어가서 큰 신통을 갖추고 갖가지 변화와 갖가지 방편과 갖가지 모양을 나타내어 기틀 따라 중생을 이롭게 하며, 미혹한 군생群生들을 인도하여 다 함께 피안의 세계에 이르게 하는 것이다.

삼계三界가 유심唯心이요 만법萬法이 유식唯識이니 체體와 용用의 두 가지가 혼융渾融하여 하나로 돌아가고, 이승二乘도 없고 삼승三乘도 없으며 오직 일승법一乘法만 있을 뿐이니 움직이거나 고요하거나 말씀마다 구절구절이 평등하여 두 가지 분별에 떨어지지 않고 한 바탕으로 같이 보게 된다.

평등한 진리의 법계에서는 중생을 제도할 것이 없으니 어찌 차별이 있으리오?

바탕을 벗어나 의지할 것이 없게 되어 과果 행行이 원만하니 밀다蜜多라고 하는 것이다.

삼세의 모든 부처님을 사대思大 화상이 한 입에 삼켜버렸다고 하였으니, 알겠는가?

깨어진 거울은 다시 비춰 볼 수 없고

떨어진 꽃잎은 거듭 피기 어렵도다.

此中間六箇字 依此前種種解說 得大智慧 最尊最勝 悟性般若 天上天下
차 중 간 육 개 자   의 차 전 종 종 해 설   득 대 지 혜   최 존 최 승   오 성 반 야   천 상 천 하

無有及之. 古云 千日學慧 不如一日學般若. 般若通透 大光明藏 如人入
무 유 급 지   고 운   천 일 학 혜   불 여 일 일 학 반 야   반 야 통 투   대 광 명 장   여 인 입

海 轉入轉深 開佛知見 悟佛知見 入佛知見 有大神通 種種變化 種種方便
해   전 입 전 심   개 불 지 견   오 불 지 견   입 불 지 견   유 대 신 통   종 종 변 화   종 종 방 편

應現種種相 隨機利物 引導群迷 同到彼岸. 三界唯心 萬法唯識 體用雙行
응 현 종 종 상   수 기 리 물   인 도 군 미   동 도 피 안   삼 계 유 심   만 법 유 식   체 용 쌍 행

渾融歸一 無二亦無三 唯有一乘法 動靜言談 句句平等 不落第二 一體同
혼 융 귀 일   무 이 역 무 삼   유 유 일 승 법   동 정 언 담   구 구 평 등   불 락 제 이   일 체 동

依般若波羅蜜多故

四十一

觀 平等眞法界 無衆生可度 豈有差別. 脫體無依 果行圓滿 名曰蜜多. 三
관 평등진법계 무중생가도 기유차별 탈체무의 과행원만 명왈밀다 삼
世諸佛 被思大和尙 一口吞盡了也. 會麼. 破鏡不重照 落花難上枝.
세제불 피사대화상 일구탄진료야 회마 파경부중조 낙화난상지

1
대광명장(大光明藏)

큰 지혜의 빛을 갈무려 둔 곳간이라는 뜻이니 곧 법신을 말함.『사익경(思益經)』에 "여래의 몸은 한량없는 광명장이다."라고 하였다.

2
불지견(佛知見)

모든 법의 참모습을 비춰보는 부처님 지혜. 부처님이 세간에 출현하시는 것은 중생으로 하여금 이 불지견을 얻게 하기 위함이다. 이것을 얻게 함에는 개(開)·시(示)·오(悟)·입(入)의 차례가 있다.

① 개(開)는 범부들의 미혹한 생각을 깨뜨리고 모든 법의 실상을 보이는 것.
② 시(示)는 현시(顯示), 번뇌가 사라지고 지혜가 나타나 우주의 만덕이 밝게 나타나 보이는 것.
③ 오(悟)는 각오(覺悟), 우주의 본체 그대로가 현상이고 현상 그대로가 본체임을 깨닫는 것.
④ 입(入)은 증입(證入), 진리인 그대로의 본체에 증입하는 것. 계합해 들어가는 것.

※

원본에는 入佛知見 悟佛知見으로 되었으나, 순서에 따라 悟佛知見 入佛知見으로 역자가 임의 정정하였음.

3
삼계유심 만법유식(三界唯心 萬法唯識)

삼계는 오직 마음의 현상으로서 마음 외에 다른 것이 없으며, 모든 법은 오직 자기의 마음에 의해 존재한다는 말.

214 ▶ 215

4
일승법(一乘法)

승(乘)은 타고 다니는 수레나 배. 깨달음의 세계로 실어나른다는 뜻. 교법(教法)에는 소승·대승·삼승(三乘)·오승(五乘)의 구별이 있으나, 일체 중생이 모두 성불(成佛)한다는 견지에서 그 구제하는 교법이 오직 하나뿐이고 또 절대 진실하다고 주장하는 것이 일승(一乘)이다.『법화경』을 일승이라 하니, 그「방편품」에 "시방세계의 부처님 국토 가운데는 오직 일승법이요, 이승(二乘)도 없고 삼승(三乘)도 없으니 그것은 부처님이 방편으로 설한 것일 뿐이니라." 하였다.

5
사대(思大, 515~577)

중국 천태종(天台宗)의 제2조인 남악 혜사(南岳慧思) 스님의 별호(別號). 속성 이(李)씨, 남북조시대에 남예주(南豫州)의 무진(武津)에서 났다. 열다섯 살에 출가하여『법화경』을 전공하고 혜문(慧文)의 가르침을 받아 일심으로 연구 정진하여 법화삼매(法華三昧)를 얻었다. 그 뒤 곳곳에서 그의 명성을 시기하는 무리들의 박해를 받으면서도『법화경』을 강의하다가 568년 남악(南岳)에 들어가 교화했다.

　　보지공(寶誌公) 화상이 어느 날 사람을 시켜 말을 전하되 "왜 산에서 내려와 중생들을 교화하지 않고 우두커니 하늘만 바라보고 있는가?" 하니, 답하기를 "삼세의 모든 부처님이 모두 나의 한 입에 삼켜졌거늘 어디에 다시 교화할 중생이 있으리오?" 하였다. 진(陳) 대건(大建) 9년 6월에 입적했다.『대승지관(大乘止觀)』2권 등 다수의 저서를 남겼다.

心無罣礙
심무가애

'마음이 걸림 없다'는 여기에 이르러 진공眞空의 묘한 이치를 깨달아 태허의 청정함이 본래 그러함을 확연히 사무치게 되면 부처와 일체 중생의 평등한 성품이 공空하여 모든 수행에 실로 두 가지가 없게 되니 모든 장애를 뛰어 넘은 걸림이 없는 경지인 것이다.

옛사람이 게송으로 말하였다.

마음은 허공계와 다름 없어서
허공과 같은 법을 나타내나니
허공 법을 깨달아 알게 될 때에
옳은 법 그른 법이 모두 없으리.

바깥이 청정하고 안이 청정하여 안팎이 청정하고, 바깥이 공하고 안이 공해서 안팎이 공하니 지금 이 바탕이 그대로 공한 것이다.

천지가 있기 전에 먼저 이 공이 있었으므로 "한 물건이 있어서 혼성混成하니, 이 한 물건은 천지보다 먼저 생겼다."고 하였으며, "이름 없는 것無名은 천지의 시초요, 이름 있는 것有名은 만물의 어머니다."라고 하였다.

태시太始와 태초太初와 태미太微와 태극太極은 보려고 하여도 보이지 않고 들으려고 하여도 들리지 않으며 잡으려고 하여도 잡히지 않으니, 맞이하려 해도 그 머리를 볼 수가 없고 따라가려 하여도 그 뒤를 볼 수 없으며, 다섯 눈五目으로도 그 자취를 보지 못하고 두 귀二聽로도 그 메아리조차 들을 수가 없다.

육조六祖 스님께서 이르시되 "내게 한 물건이 있어서 위로는 하늘을 버티고 아래로는 땅을 버티고 있으나 사람들이 알지 못한다."고 하시었다.

만일 한번 돌이켜서 이 한 물건을 바로 보게 되면 부처와 조사를 뛰어넘고 삼계를 벗어나서 나고 죽는 윤회에 떨어지지 않으리라.

사람들이 이를 스스로 긍정하고 스스로 믿어서 스스로 능히 잘 보호하여 걸림 없는 법을 얻게 되면 결정코 의심하지 않게 되리라.

알겠는가?

세 살 난 아이는 꽃북을 얼싸안고
팔십 세 늙은이는 털옷을 즐겨 입네.

到此 悟眞空妙理 廓徹太虛 淸淨本然 如來與一切衆生 平等性空 於諸
도차 오진공묘리 확철태허 청정본연 여래여일체중생 평등성공 어제

修行 實無有二. 超過礙 無礙境. 古云 心同虛空界 示等虛空法 證得虛空
수행 실무유이 초과애 무애경 고운 심동허공계 시등허공법 증득허공

持 無是無非法. 外淸淨內淸淨 內外淸淨 外空內空 內外空 當體卽空. 天
지 무시무비법 외청정내청정 내외청정 외공내공 내외공 당체즉공 천

地未有 先有此空 有物混成 先天地生 無名天地之始 有名萬物之母. 太
지미유 선유차공 유물혼성 선천지생 무명천지지시 유명만물지모 태

始太初 太微太極 視之不見 聽之不聞 搏之不得 迎之不見其首 隨之不
시태초 태미태극 시지불견 청지불문 박지부득 영지불견기수 수지불

見其後 五目不覩其蹤 二聽絕聞其響. 六祖云 我有一物 上拄天 下拄地
견기후 오목부도기종 이청절문기향 육조운 아유일물 상주천 하주지

無人識得. 若親見一回 超過佛祖 出三界 不墮輪廻. 爲人自肯自信 自能
무인식득 약친견일회 초과불조 출삼계 불타윤회 위인자긍자신 자능

保任 得無礙法 決定無疑. 會麼. 三歲孩兒抱花鼓 八十翁翁袞綉裘.
보임 득무애법 결정무의 회마 삼세해아포화고 팔십옹옹곤수구

1
고운(古云)~
인도 선종의 제7조인 바수밀(波須密) 존자의 게송.

2
유물혼성 선천지생(有物混成 先天地生)
노자(老子)의 『도덕경』에 있는 말. 혼성(混成)은 천지의 분별이 아직 나누어지기 전의 혼돈(混沌) 상태. 또는 섞여서 이루어짐.

3
무명천지지시 유명만물지모(無名天地之始 有名萬物之母)
노자의 『도덕경』의 첫머리에 나오는 말. 무명(無名)은 대상을 인식하고 분별할 때 기초가 되는 개념이나 표상·언어의 표현이 아직 붙지 않은 상태. 유명(有名)은 개념이나 표상·언어의 분별이 있는 것.

4
태시(太始), 태초(太初), 태미(太微), 태극(太極)

① 태시(太始) - 천지가 비롯한 무렵, 곧 만물이 생기기 시작할 때. ② 태초(太初) - 천지가 개벽(開闢)하여 만물이 생기는 처음 근본. 곧 음양이 아직 나뉘지 않고 혼돈한 상태. ③ 태미(太微) - 천지가 개벽하려는 기미(機微). ④ 태극(太極) - 음양이 아직 나뉘기 전의 우주의 본체. 이상의 넷이 모두 같은 개념이다.

5
시지불견(視之不見)~

노자『도덕경』에「시지불견장(視之不見章)」에 나오는 말. "보려고 해도 볼 수 없는 것을 이(夷)라 하고, 들으려고 해도 들을 수 없는 것을 희(希)라 하며, 잡으려 해도 잡히지 않는 것을 미(微)라 하나니, 이 셋은 포착할 수가 없다. 그러므로 이것은 뒤섞여 하나가 되어 있다."고 하였다.

6
오목(五目)

오안(五眼)이니, 모든 법의 이(理)와 사(事)를 비춰보는 다섯 종류의 눈.
① 육안(肉眼) - 중생의 육신에 갖추어진 눈.
② 천안(天眼) - 천상(天上)에 나거나 선정을 닦아서 얻게 되는 눈. 미세한 사물까지도 멀리 볼 수 있으며 중생들이 미래에 나고 죽는 모양도 미리 알 수 있다. 인간에서 선정을 닦아 얻는 것을 수득(修得)천안, 색계천(色界天)에 태어나서 얻는 것을 생득(生得)천안이라 한다.
③ 혜안(慧眼) - 우주의 진리를 밝게 보는 눈. 곧 만유의 현상은 공(空)·무상(無常)·무작(無作)·무생(無生)·무멸(無滅)이라 보아 모든 집착을 여의고 차별된 현상계의 실체를 보는 지혜의 눈.
④ 법안(法眼) - 일체법을 분명하게 비춰보는 눈. 보살은 이 눈으로 모든 법의 진상을 잘 알고 중생을 제도함.

⑤ 불안(佛眼) - 모든 법의 참성품[眞性]을 비춰보는 부처님의 눈.

이청(二聽)

중생들의 육신에 갖추어진 귀로 듣는 것과 천이통(天耳通)으로 듣는 것.

육조(六祖, 638~713)

혜능(慧能). 중국의 선종은 달마 스님을 초조(初祖)로 하고 그로부터 6대 되는 혜능 스님을 육조(六祖)로 삼는다. 속성은 노(盧)씨, 광동성(廣東省) 조경부(肇慶府) 신흥(新興)에서 났다. 세 살에 부친을 여의고 집이 가난하여 날마다 나무를 해다 팔아서 어머니를 봉양하였다. 스물네 살에 객점에서 나무를 팔고 나오다가 어떤 사람이 『금강경』을 읽는 것을 듣고는 깨친 바가 있어 그 사람의 지시로 양자강 건너 황매산(黃梅山)에 가서 오조(五祖) 홍인(弘忍) 대사를 뵙고 그의 분부대로 여덟 달 동안 방아를 찧으면서 행자(行者) 생활을 하고 있었다. 오조가 법을 전하려고 제자들의 공부를 시험하는데 교수사(敎授師)로 있는 신수(新秀)는 다음과 같은 글을 지었다.

신시보리수(身是菩提樹)
심여명경대(心如明鏡臺)
시시근불식(時時勤拂拭)
물사야진애(勿使惹塵埃)

이 몸은 보리수요
마음은 밝은 거울.
때때마다 털고 닦아
때 먼지가 안 묻도록!

이 때 노(盧) 행자(行者)는 이 글을 보고 다음같이 지었다.

보리본무수(菩提本無樹)
명경역비대(明鏡亦非臺)
본래무일물(本來無一物)
하처야진애(何處惹塵埃)
보리는 본래에 나무가 없고
밝은 거울 그것 또한 틀이 아니네.
본래에 한 물건도 있지 않거니
어느 곳에 때 먼지가 묻기나 하랴?

오조 스님은 그를 인가(印可)하고 전법(傳法)의 표시인 가사와 발우[衣鉢]를 전해주었다. 그는 남방으로 돌아가서 18년 동안이나 숨어 지내다가 비로소 수계(受戒)하고 소양(韶陽)의 조계산(曹溪山)에서 선법(禪法)을 크게 일으키니 그 법을 이은 제자가 42인이나 되었다. 당 현종 개원(開元) 1년에 입적했다.『육조단경(六祖壇經)』이 남아 있다.

9
보임(保任)

보호임지(保護任持)의 준말. 수행인이 견해를 인가받아 그것을 잘 보호해 가진다는 뜻. 흔히 보림이라 읽는다.

無罣礙

무가애

경에 이르시되 "너는 어찌 내가 보지 않는 곳을 보지 못하느냐? 만약 내가 보지 않는 곳을 보지 못한다면 그것은 자연히 물질이 아닐 것이니 어찌 네가 아니겠느냐?"고 하시었다.

모든 법의 참모습을 통달하고 나면 허공에 머리를 조아리는 듯하여 의지할 것도 없고 기댈 것도 없게 된다. 마치 백 천 개의 등불이 그 빛을 한 방에서 비추면 그 백 천 개의 등불 빛이 온 방안에 가득히 차듯이 모든 것이 환화幻化이며 허망한 경계이므로 여기에서는 아무것도 서로 장애됨이 없게 되어 동쪽으로 가도 다함이 없고 서쪽으로 가도 끝이 없어서 종횡으로 마음대로 자재하니 허깨비 같은 경계가 능히 걸림이 없는 것이다.

본래의 근본 마음자리는 천진天眞하여 무량겁을 지내더라도 무너지지 않고 청정한 본체本體는 가는 것도 오는 것도 없으며 변함도 없고 달라짐도 없으니, 그래서 여래如來라고 한다.

여래를 알고 싶은가?

남쪽에는 천태산

북쪽에는 오대산

經云 汝何不見 吾不見之地 若不見吾不見之地 自然非物 云何非汝.
경운 여하불견 오불견지지 약불견오불견지지 자연비물 운하비여

達諸法相 稽首如空 無依無倚 如百千燈 光照一室 其光遍滿 一切幻化
달제법상 계수여공 무의무의 여백천등 광조일실 기광변만 일체환화

虛妄境界 於此惣無障礙 東去無窮 西去無極 縱橫自在 幻境不能所拘.
허망경계 어차총무장애 동거무궁 서거무극 종횡자재 환경불능소구

本源自性天眞 長劫不壞 淸淨之體 無去無來 無變無異 故曰如來. 要
본원자성천진 장겁불괴 청정지체 무거무래 무변무이 고왈여래 요

見如來麼. 南有天台 北有五臺.
견여래마 남유천태 북유오대

경운(經云)~

『능엄경(楞嚴經)』제2권에 나오는 말. 문장이 간략하여 이를 좀 더 넓게 인용해 본다.

"아난아! 이 멀고 가까운 곳에 있는 모든 것들이 비록 여러 가지로 다르지만 모두 너의 청정한 견정(見精: 볼 줄 아는 정기)으로 보는 것이니라. 그 모든 것들이 여러 종류로 서로 다르지만 보는 성품[見性]은 다름이 없으니 이 묘하고도 밝은 정기가 진실로 너의 보는 성품이니라.

만약 볼 줄 아는 그 성품이 물질이라면 네가 나의 보는 성품을 보아야 할 것이다. 만일 함께 보는 것으로 나의 보는 성품을 본다고 한다면, 내가 보지 않을 때는 어째서 나의 보지 않는 곳을 보지 못하느냐? 만약 보지 않는 자리를 본다면 자연히 그것은 볼 수 없는 모양이 아니겠지만, 만약 내가 보지 않는 자리를 보지 못한다면 자연히 그것은 물질이 아니니 어찌 네가 아니겠느냐? (만일 내가 보지 않을 때 나의 볼 줄 아는 성품을 보지 못한다면 그건 말할 나위 없이 나의 볼 줄 아는 성품이 물질이 아니기 때문이니, 나의 보는 성품이 물질이 아니라면 너의 보는 성품도 물질이 아닐 것이니, 어찌 그것이 너의 참다운 성품[眞性]이 아니겠느냐?)~(若見是物 則汝亦可見吾之見. 若同見者 名爲見吾 吾不見時 何不見吾不見之處. 若見不見 自然非彼 不見之相. 若不見吾不見之地 自然非物 云何非汝)"

2

계수(稽首)

머리를 조아려 절하는 것.

3

천태(天台)·오대(五臺)

중국의 산 이름. 천태산은 절강성 천태현의 서쪽에 있으며 천태종(天台宗)의 성지(聖地). 오대산은 산서성(山西省)에 있으며 청량산(淸凉山)이라고도 하며, 문수(文殊)보살이 언제나 머물러 있는 도량이라고 전해 온다.

故
고

고故라는 한 글자는 원만하고도 지극한 법칙이니, 가히 말할 수 없고 가히 말할 수 없으며 말을 하더라도 아무 소용 없다. 말을 하더라도 아무 소용이 없기 때문에 그래서 고故라 한다.

    법은 가히 설설說할 수 없으니
    이 이름을 설법說法이라 한다.

故之一字 圓滿極則 不可說 不可說 說亦不得 因說不得故曰故. 無法
고지일자 원만극칙 불가설 불가설 설역부득 인설부득고왈고　무법
可說 是名說法.
가설　시명설법

무법가설 시명설법(無法可說 是名說法)

이는 『금강경』에 나오는 말이다.

無有恐怖
무유공포

성품이 공한 줄 깨달으면 동서를 가리지 않고 남북을 나누지 않으며, 밝고 어두움의 구애를 받지 않고 만법으로 더불어 벗하지 않으며, 오고 감에 같이하는 짝이 없으니 부처님의 눈으로도 엿보지 못하며, 언제나 홀로 가고 홀로 걷지만 깨달은 사람은 열반의 길에서 함께 노닐게 되리라.

　위로는 하늘을 우러러 보아도 다함이 없고 아래로는 땅속으로 들어가도 끝이 없으니, 산하대지 석벽과 땅이나 불이나 물이나 바람이 이것이 오고 감에 걸리거나 막힘이 없는 것이다.

　이 도량에서 움직이지 않고 한 찰나 사이에 온 법계에 두루 다니면서 손바닥을 기울이는 사이에 천리를 달리고 가던 길을 돌아오는 것이 하늘을 나는 듯 돌이키며 음양陰陽이 능히 옮겨 바꾸지 못하고 사성四聖과 육범六凡들도 능히 잡아 얽어매지 못하니 모든 성인이라 할지라도 어떻게 해볼 도리가 없다.

걸림이 없고 막힘이 없어서 기나긴 세월에도 언제나 한결 같아서 이것을 자재하신 대각금선自在大覺金仙이라 하며 격식을 벗어나 부처와 조사를 뛰어넘은 사람格外超佛越祖之人이라 말하니, 결정코 의심할 것 없는 구경의 원만한 깨달음이 온 시방세계에 두루하기 때문이니라.

이런 사람을 알고 싶은가?

흰머리 동자는 지혜가 뛰어나서
깊은 밤 삼경에 아득한 물 건너가네.
마음대로 오고가며 그칠 사이 없으니
무슨 배가 필요하랴 부낭조차 쓸데 없다.

悟得性空 東西不辨 南北不分 不受明暗之所拘 不與萬法爲侶 來去無
오득성공 동서불변 남북불분 불수명암지소구 불여만법위려 래거무
伴侶 佛眼不能覰 常獨行常獨步 達者同遊涅槃路. 上天仰之無窮 入地
반려 불안불능도 상독행상독보 달자동유열반로 상천앙지무궁 입지
去之無極 山河石壁 地水火風 於此來往 惣無障礙. 不動道場 一刹那
거지무극 산하석벽 지수화풍 어차래왕 총무장애 부동도량 일찰나
間 周遊法界 側掌行千里 回程轉似飛 陰陽不能遷變 四聖六凡 拘繫
간 주유법계 측장행천리 회정전사비 음양불능천변 사성육범 구계
不能得 千聖不奈何 無罣無礙 長劫如然 喚作自在大覺金仙 格外超佛
불능득 천성불나하 무가부애 장겁여연 환작자재대각금선 격외초불
越祖之人 決定無疑 究竟圓覺 遍十方故. 要見此人麼 白頭童子智猶長
월조지인 결정무의 구경원각 변시방고 요견차인마 백두동자지유장
半夜三更渡渺茫 任運往來無間斷 不須舡子與浮囊.
반야삼경도묘망 임운왕래무간단 불수강자여부낭

1
도량(道場)

불도를 수행하는 장소. 사원의 터전을 말함. 부동도량(不動道場)은 삼매(三昧)를 뜻하기도 한다.

2
금선(金仙)

부처님을 미칭(美稱)하여 부르는 말. 부처님의 몸은 자색이 도는 금빛(紫磨金色)이었다 한다.

3
백두동자지유장(白頭童子智猶長)~

경조(京兆)의 백운 선장(白雲 善藏) 선사에게 어떤 스님이 묻기를 "어떤 것이 깊고 깊은 곳입니까?" 하니, 선사가 이르기를 "난쟁이가 깊은 물을 건너는 것이니라."고 하였다는 공안이 있다. 위의 게송은 이 공안(公案)에 대하여 단하 자순(丹霞 子淳: ?~1119) 선사가 평하여 붙인 송(頌)이었다.

　백두동자(白頭童子)는 수신(水神). 백두제자(白頭帝子)라고도 한다. 즉 물의 본성을 의인화(擬人化)한 것. 백두(白頭)는 파도가 치면 그 끝머리에 흰 거품이 일어나니 파도를 별칭(別稱)한 것. 옛날에 어떤 어린 왕자가 물에 빠져 죽은 뒤에 수신(水神)이 되었다는 고사(故事)에서 온 말. 강자(矼子)는 배, 부낭(浮囊)은 물에 빠지지 않고 뜨게 하기 위하여 몸에 지니는 공기 주머니인 부대(浮袋)를 말한다. 물결치는 그대로가 백두동자의 용처(用處)이니 다른 방편을 따로 구하지 않는다는 뜻이다.

遠離顚倒夢想

원리전도몽상

만일 뒤바뀐 꿈같은 생각을 멀리 여의고자 한다면 먼저 탐욕을 끊고 애욕을 없애야 할 것이니, 애욕이 근본이 되기 때문이니라.

발심發心하고 수행하여 먼저 견성見性을 하게 되면 애욕은 저절로 없어지리라.

중생들이 윤회하며 뒤바뀐 생각을 쉬지 못하여 과거의 한량없는 세월 동안 이 반야般若를 믿지 않고 생사生死의 세계에 떠돌아다니면서 오늘에 이르기까지 허깨비 같은 환경에 미혹한 바가 되었고, 오욕五欲에 탐착하고 업식業識이 분주하니 밤낮으로 뒤바뀌며 이 허깨비 같은 몸뚱이의 삼업三業이 흐리고 어두워져 깨닫지도 알지도 못하게 된 것이다.

홀연히 모든 것이 덧없음을 스스로 깨달으면 지나가는 허깨비 같은 경계는 생각생각에 변하여 없어지는 줄 알게 되고, 단박에 깨치게 되면 이 몸이 필경에는 바탕이 없는 줄 알게 되리라.

옛사람이 이르시되 "성인聖人은 자기라는 것이 없다."고 하시니, 고정된 것이란 없으며, 필연이란 것도 없고 나라는 것도 없으며, 의지할 것도 없고 기댈 것도 없으며, 어두움도 없고 밝음도 없으며, 이름도 없고 모양도 없으며, 강함도 없고 약함도 없으며, 깨끗함도 없고 더러움도 없으며, 세울 것도 없고 만들 것도 없고 맡길 것도 없으며, 없어지는 것도 없고 머무는 것도 없으며, 잠잠한 것도 없고 말하는 것도 없으며 이야기해 줄 것도 없어서, 생각이 끊어지고 뜻이 사라지며 일체의 말 길이 끊어지고 마음 헤아릴 것이 없어져 참으로 얻을 바가 없는 것이다.

얻어도 얻은 바 없게 되면 그 도道는 언제나 있게 되니 "아침에 도를 들으면 저녁에 죽더라도 괜찮다."고 하였다.

죽어서 태워버리고 나면 배고픔도 없고 목마름도 없으며, 추운 것도 없고 더운 것도 없으며, 일어남도 없고 넘어짐도 없으며, 졸린 것도 없고 잠자는 것도 없으며, 육근도 없고 아홉 구멍九竅도 없으며, 온갖 질병인 사백사병四百四病도 없고 팔만 사천의 벌레들도 없어져 뒤바뀐 꿈같은 생각이 영원히 없어지리라.

만약 이와 같이 깨닫지 못하면 청정계淸淨界 가운데의 한 생각이 이 염부제閻浮提 세계에서는 벌써 팔천 년의 세월이 지나가게 되나니, 깨닫고 보면 한 찰나 사이지만 모르면 한량없는 세월이다.

죽고 나고 죽고 나며 이리저리 옮겨 다님을 깨닫지 못하니, 잠들어 긴긴 꿈을 꾸면서 깨어나지 못하고 만겁을 뒤바뀌면서 그침이 없게 된다. 엎치락뒤치락 죽어서는 태어나고 태어나서는 다시 죽으니 꿈을 깼다 다시 꿈꾸는 것이며, 꿈이나 허깨비나 물거품이나 그림자처럼 세상을 이리저리 굴러다니면서 꿈속에서 다시 꿈을 말하게 되니 마침내 끝마칠 기약이 없는 것이다.

만약 어떤 사람이 이를 깨달아 사무쳐 뚫고 나가면 뒤바뀜을 영원히 벗어나 꿈같고 허깨비 같은 생각을 단박에 끊으리라.

일러보아라! 모든 꿈같은 생각을 멀리 여의고 나면 어느 곳으로 향하여 가게 되는가?

천성千聖이 찾아봐도 그의 자취 모르더니
온몸이 그대로 허공 속에 숨었구나.

若要遠離 先斷貪欲 及除愛渴 愛爲根本. 發心修行 先取見性 愛欲自除.
약요원리 선단탐욕 급제애갈 애위근본 발심수행 선취견성 애욕자제

衆生輪廻 顚倒不息 從過去劫中 不信般若 流浪生死 至于今日 被幻境
중생윤회 전도불식 종과거겁중 불신반야 유랑생사 지우금일 피환경

所惑 貪着五欲 業識忙忙 日夜顚倒 被此幻身 三業昏暗 不覺不知. 忽然
소혹 탐착오욕 업식망망 일야전도 피차환신 삼업혼암 불각부지 홀연

自覺無常 知此過幻 念念變滅 頓然覺悟 卽知此身 畢竟無體. 古云 聖
자각무상 지차과환 염념변멸 돈연각오 즉지차신 필경무체 고운 성

人無己 無固 無必 無我 無依 無倚 無晦 無明 無名 無相 無强 無弱 無
인무기 무고 무필 무아 무의 무의 무회 무명 무명 무상 무강 무약 무

淨 無穢 無立 無作 無任 無滅 無住 無黙 無言 無說 絶思絶慮 一切語言
정 무예 무립 무작 무임 무멸 무주 무묵 무언 무설 절사절려 일체어언

道斷 心行處滅 實無所得. 得無所得 其道常存 朝聞道夕死可矣. 死了燒
도단 심행처멸 실무소득 득무소득 기도상존 조문도석사가의 사료소

了 無飢無渴 無寒無熱 無起無倒 無睡無眠 無六根 無九竅 無四百四病
료 무기무갈 무한무열 무기무도 무수무면 무육근 무구규 무사백사병

無八萬四千虫 永無顚倒夢想. 若不如此悟去 淸淨界中纔一念 閻浮早過
무팔만사천충 영무전도몽상 약불여차오거 청정계중재일념 염부조과

八千年 會卽刹那間 不會塵沙劫. 死死生生 轉轉不覺 睡長夢而不惺 萬
팔천년 회즉찰나간 불회진사겁 사사생생 전전불각 수장몽이불성 만

劫顚倒而無止. 顚顚倒倒 死了又生 生了又死 夢惺又夢 如夢幻泡影 流
겁전도이무지 전전도도 사료우생 생료우사 몽성우몽 여몽환포영 유

轉世間 夢中說夢 終無了期. 若有人 打得徹 透得過 永免顚倒 夢幻頓斷.
전세간 몽중설몽 종무료기 약유인 타득철 투득과 영면전도 몽환돈단

且道 向甚麼處去. 千聖覓他蹤不見 全身隱在太虛中.
차도 향심마처거 천성멱타종불견 전신은재태허중

1

전도몽상(顚倒夢想)

전도(顚倒)는 엎어져 넘어짐, 뒤바뀜. 몽상(夢想)은 꿈같은 헛된 생각.
중생이 본래의 참모습을 모르고 뒤바뀐 생각으로 번뇌 망상 속에 헤매
는 것을 말한다.

2

오욕(五欲)

색(色)·성(聲)·향(香)·미(味)·촉(觸)의 5경(境). 이 5경이 욕구 그 자
체는 아니지만 이 오경이 모든 욕망을 일으키므로 5욕(欲)이라 한다. 또
는 재욕(財欲)·색욕(色欲: 性欲)·식욕(食欲)·명예욕(名譽欲)·수면욕
(睡眠欲)을 말함.

3

업식(業識)

진여(眞如)의 일심(一心)이 무명(無明)으로 업을 익혀서 일어나는 의식.
또는 업에 의해 익힌 알음알이.

4

성인무기(聖人無己)

석두 희천(石頭希遷) 선사가 『조론(肇論)』을 읽다가 "만물이 모두 자기인 줄 아는 자는 그 오직 성인일 뿐이다(會萬物爲己者 其唯聖人乎)." 하는 구절에서 크게 감동받고 말하기를 "성인은 자기가 없으니 자기 아닌 것이 없고, 법신은 형상이 없거늘 그 누가 나와 남을 분별하리오. 둥글고도 밝은 거울이 신령하여 그 사이를 두루 비치니 만상의 바탕은 현묘하여 스스로 나타나네. 경계와 지혜가 둘이 아니거늘 그 누가 온다 간다 말할 수 있으리오. 아! 지극하여라. 이 말씀이여!(聖人無己 靡所不己 法身無象 誰云自他 圓鑑靈照于其間 萬象體玄而自現 境智非二 孰云去來 至哉斯語也)"라고 말하며 참동계(參同契)를 지었다고 한다.

5
조문도석사가의(朝聞道夕死可矣)

『논어』의 「이인편(里仁篇)」에 나오는 말. 문도(聞道)는 도를 깨닫는다는 뜻.

6
구규(九竅)

사람의 몸에 있는 아홉 구멍을 말함. 곧 눈·귀·코의 각 두 구멍씩 여섯 구멍과 입·항문·요도의 세 구멍.

7
사백사병(四百四病)

사람의 몸에 생기는 모든 질병. 우리의 몸은 지(地)·수(水)·화(火)·풍(風)의 사대요소로 구성되었다. 이 사대가 잘 조화되지 않으면 한(寒)·열(熱)·조(燥)·습(濕) 등의 병이 생기는데, 사대에 각각 백 한 가지의 병이 있으므로 모두 사백사병이라 한다.

8
팔만사천 충(八萬四千虫)

한 방울의 물 속에 팔만 사천의 벌레가 있다고도 하며, 한 털구멍(毛孔) 속에 팔만 사천 벌레가 있다고도 한다. 우리 몸에 기생하는 온갖 벌레를 말함.

9
청정계(淸淨界)

청정계는 범천(梵天)을 말한다. 범천은 욕계의 음욕을 여의어서 항상 청정하고 조용한 색계(色界)의 초선천(初禪天)이다. 범천의 하루는 여기 염부제(閻浮提) 세계의 한 겁(一劫)에 해당하며 4억 3천 2백만 년이 된다고 한다. 시간을 느끼는 것은 상대적인 것이기 때문에 범천의 한 생각이 염부제의 팔천 년이 된다고 한 것이다.

10
염부(閻浮)

남염부제(南閻浮提)를 말함. 수미산을 중심으로 4천하(天下)가 있으니 우리가 사는 곳을 남염부제, 염부제 또는 남섬부주(南贍部洲)라 한다.

11
진사겁(塵沙劫)

이 세상의 먼지나 모래 수만큼 많은 겁(劫), 무량한 세월을 말한다.

究竟涅槃

구경열반

이 몸을 돌이켜 궁구해 보면 본래 이 사대四大는 있는 것이 아니건만, 자기를 미혹하여 사물을 좇으니 도적을 제 아들인 줄 인정하게 되고 사대인 육근이 자기 자신인 줄 망령되이 인식하게 되었다.

　　일체 중생이 끝없는 옛적부터 망령된 생각으로 아상我相·인상人相·중생상衆生相·수자상壽者相에 집착하고 네 가지 뒤바뀐 견해四顚倒를 인정하여 스스로 깨닫지도 알지도 못하고 능히 해탈하지 못하는 것이다.

　　홀연히 스스로 깨닫고서 밤이나 낮이나 바로 이 한 생각을 여의지 않고 스스로 비추어보면 이 모든 오온이 끝없는 옛적부터 본래 스스로 있는 것이 아닌 줄 알게 되리라.

　　확연히 공을 깨달으면 진실로 아상我相이 없는 것이, 원각圓覺의 성품과 같아서 본래 보리와 열반이 없으며 또한 부처를 이루는 것과 부처를 이루지 못함이 없는 것이다.

옛사람이 이르시되 "만일 너와 내가 없는 줄 깨달으면 육진六塵 경계를 벗어나서 한가히 소요하리라."고 하였다.

경竟이란 '모두 다盡'라는 뜻이니, 모든 것이 다 없어진 법을 말한다.

자기라는 것이 없는 줄 확연히 사무치게 되면 온갖 인연이 단박에 쉬어지고 안팎이 서로 다름이 없어져 깊고 맑은 물처럼 언제나 고요하며 나고 죽음이 모두 사라져서 적멸寂滅의 즐거움이 되는 것이다.

온 몸을 그대로 놓아버리어 사구四句를 여의고 백비百非가 끊어져서 보아도 보는 것이 없는 줄 알면 이것이 바로 열반이니, 그래서 열반이라 하였다.

어떤 것이 열반인가?

지척간에 있는 데도 스님 얼굴 안 보이네.

返究此身 本來無此四大 迷己逐物 認賊爲子 妄認四大 六根爲自己. 一切
반구차신 본래무차사대 미기축물 인적위자 망인사대 육근위자기 일체
衆生 從無始以來妄想 執有我人衆生 及與壽者 認四顚倒 自不覺知 不能
중생 종무시이래망상 집유아인중생 급여수자 인사전도 자불각지 불능
解脫. 忽然自惺 於此日夜 不離當念 自覺自照 照盡五蘊 從塵劫以來 本
해탈 홀연자성 어차일야 불리당념 자각자조 조진오온 종진겁이래 본
自無有. 廓然頓空 實無我相 如圓覺性 本無菩提 及與涅槃 亦無成佛 及
자무유 확연돈공 실무아상 여원각성 본무보리 급여열반 역무성불 급
不成佛. 古云 若悟無人我 逍遙出六塵. 竟者 盡也. 窮盡之法. 廓徹無己 萬
불성불 고운 약오무인아 소요출육진 경자 진야 궁진지법 확철무기 만
緣頓息 內外無餘 湛然常寂 生滅滅已 寂滅爲樂 全身放下 離四句 絶百非
연돈식 내외무여 담연상적 생멸멸이 적멸위락 전신방하 이사구 절백비

知見無見 斯卽涅槃 故曰涅槃 如何是涅槃 咫尺之間 不覩師顔.
지견무견 사즉열반 고왈열반 여하시열반 지척지간 부도사안

1

사전도(四顚倒)

열반에 네 가지 덕이 있는데, ① 상(常) - 생멸변화가 없는 덕. ② 낙(樂) - 생사의 고통을 여의어 무위 안락한 덕. ③ 아(我) - 망령되이 집착한 나(我)를 여의고 자재함이 있는 참 나(眞我). ④ 정(淨) - 청정한 덕. 이상의 네 가지 덕에 대하여 뒤바뀐 견해가 둘이 있으니, ㉠ 생사의 세계가 무상(無常), 무락(無樂), 무아(無我), 무정(無淨)인 것을 상·낙·아·정이라고 망집하는 것. 이것을 범부의 사전도, 유위(有爲)의 사전도라 한다. ㉡ 열반계가 상·낙·아·정인 것을 무상·무락·무아·무정이라고 망집하는 것. 이것을 이승(二乘)의 사전도, 무위(無爲)의 사전도라 한다.

2

해탈(解脫)

범어 vimokṣa. 비목차(非木叉)라 음역. 모든 번뇌의 속박을 벗어난 자유로운 경지. 열반의 다른 이름.

3

원각성(圓覺性)

원각의 성품이니, 부처님의 원만한 깨달음과 같은 소질. 불성과 같다.

4

이사구 절백비(離四句 絶百非)

변증법(辨證法)의 한 형식으로 사구(四句)는 정립(定立)과 반정립(反定立)과 긍정종합(肯定綜合)과 부정종합(否定綜合)이다. 백비(百非)는 부정을 거듭하는 것으로서 몇 번이고 부정을 거듭할지라도 참으로 사물의 진상을 알기 어려울 때 써서 견해에 걸림이 없게 하려는 것. 일(一)·이(異)·유(有)·무(無)를 본 사구라 하고, 이 사구에 각각 정립·반정립·긍

정종합·부정종합이 있어 16이 되고, 여기에 삼세(三世)가 있으니 48이 되고, 또 이미 일어난 것(已起)과 아직 일어나지 않은 것(未起)이 있어 96이 되고, 여기에 본 사구를 합하여 백이 되니 이를 백비(百非)라 한다. 이와 같이 계산하기는 하나 꼭 백(百)을 말한 것이 아니고 많다는 뜻이기도 하다. 이사구 절백비는 사구나 백비의 이치로도 헤아릴 수 없다는 말.

5

지척지간 부도사안(咫尺之間 不覩師顔)

석상 경저(石霜慶諸) 선사가 병이 들었을 때 새로 온 이백여 명의 사람들이 큰스님을 뵙지 못한 것을 탄식하며 소리내어 울고 있으니, 석상 스님이 감원(監院)에게 "웬 사람들이 이렇게 우는가?" 하고 물었다. 감원이 사실대로 아뢰니, "그러면 오라 해서 문 밖에서 인사하게 하라."고 하였다. 시자가 그 사람들을 불러 일제히 문을 사이에 두고 예배케 하였더니, 그 때 한 사람이 묻기를 "지척간에 있으면서 어찌 큰스님 얼굴을 뵙지 못합니까?" 하니, 석상 스님이 "나는 온 세계에 두루 있으면서 일찍이 감춘 적이 없느니라."고 하였다. 석상의 진면목은 어디에나 있건마는 스스로 눈 멀어서 보지 못함을 이르는 말.

三世諸佛

삼세제불

삼세三世란 과거·현재·미래이다.

　과거의 장엄겁莊嚴劫에 일천 부처님이 나오셨으니 삼세에는 삼천 부처님이시며, 다시 끝없는 궁겁이 있으니, 그 부처님은 말로써 다 할 수 없으며 그 수는 헤아릴 수가 없다.

　다만 고요히 앉아서 과거·현재·미래를 살펴보면 모두가 다 같은 한 바탕이니, 마치 허공과 같아서 다른 모양이 아니며 같은 모양도 아니고 남의 모양도 아니며 모양 없는 것도 아니고 모양 취할 수 있는 것도 아니며 이 언덕도 아니고 저 언덕도 아니며 그 중간도 아니다.

　이 몸을 살펴보면 적멸寂滅하여 영원히 단멸하지 않으니, 만일 어느 누가 여기에서 단박 깨치게 되면 곧바로 이 세계 생기기 전의 아득히 멀고 먼 공겁空劫이 모두 지금 이 순간에 있는 줄 알게 되어 반짝하는 사이에 나와 모든 경계가 다 없어져 과거·미래·현재를 보지 않게 되고 마지막에는 다하여도 다함이 없는 곳에 도달하게 되니 이것이 바로 공마저도 공한 공공空空이다.

　'나'라는 것은 '내가 없는 나'이니 '나'라는 것을 얻을 수 없고 공空과 색色도 또한 없어서 삼세가 스스로 공한 것이며, 식識이 사라져 공한 것이 아니라 식의 성품이 스스로 공한 것이다.

　과거가 공하고 미래가 공하기 때문에 현재도 역시 공하지만, 그러나 공에 떨어지지는 않는다.

　삼세의 모든 부처님을 알고 싶은가?

　진주의 무우는 그런 대로 괜찮은데
　청주의 베옷은 걱정스럽다.

過去未來現在 過去莊嚴劫 一千佛 三世三千佛. 更有窮劫佛 不可說不可
과거미래현재　과거장엄겁　일천불　삼세삼천불　갱유궁겁불　불가설불가
說 數量不可窮. 但去靜坐 觀過去現在未來 皆同一體 如虛空 不異相 不
설　수량불가궁　단거정좌　관과거현재미래　개동일체　여허공　불이상　부
自相 不他相 非無相 非取相 不此岸 不彼岸 不中流. 觀身寂滅 永不斷滅
자상　불타상　비무상　비취상　불차안　불피안　불중류　관신적멸　영부단멸
若人於此頓悟 直下承當 迢迢空劫 盡在如今 於光動地 人法俱忘 不見
약인어차돈오　직하승당　초초공겁　진재여금　어광동지　인법구망　불견
有過去未來現在 究竟到盡無盡地 卽是空空 我無我我 我尙不可得 空色
유과거미래현재　구경도진무진지　즉시공공　아무아아　아상불가득　공색
亦無 三世自空 非識滅空 識性自空. 前際後際空故 中際亦空 不落空. 要
역무　삼세자공　비식멸공　식성자공　전제후제공고　중제역공　불락공　요
見三世諸佛麽. 鎭州蘿蔔猶自可 靑州布衫更愁人.
견삼세제불마　진주나복유자가　청주포삼갱수인

1
장엄겁(莊嚴劫)

과거·현재·미래의 삼대겁(三大劫) 가운데 현재를 현겁(現劫), 미래를 성수겁(星宿劫)이라 하고 과거의 대겁을 장엄겁이라 한다. 이 장엄겁의 주겁(住劫: 세계가 성립된 후에 머물러 있는 20겁 동안) 가운데 화광불(華光佛)로부터 비사부불(毘舍浮佛)까지의 천불이 나셨다고 한다.

2
궁겁(窮劫)

과거의 과거 또 그 과거의 과거, 미래의 미래 또 그 미래의 미래 이렇게 끝이 날 때까지 소급하며 겁을 헤아린다면 이루 다 말할 수가 없으므로 궁겁이라 한다.

3
단멸(斷滅)

사람이 죽으면 재나 흙이 되어 몸과 마음이 모두 없어지고 다시 뒷세상도 없어서 공무(空無)로 돌아간다고 생각하는 그릇된 소견. 단견(斷見)과 같음.

4
공공(空空)

(p.128 色卽是空 8번 注 참조)

5
전제·중제·후제(前際·中際·後際)

삼제(三際)라 하니 즉 삼세(三世), 과거·현재·미래를 말한다.

6
진주나복(鎭州蘿蔔)

어떤 스님이 조주(趙州) 스님께 묻기를 "듣자오니 스님께서는 남전(南泉: 조주 스님의 스승) 화상을 친견하였다니, 그렇습니까?" 하니, 조주 스님이 "진주에서 큰 무우가 나느니라."고 대답하였다.

청주포삼(青州布衫)

어떤 스님이 조주 스님께 묻기를 "만법(萬法)은 하나로 돌아가지만 하나는 어디로 돌아갑니까?" 하니, 조주 스님이 이르시기를 "내가 청주에서 베옷을 하나 만들었는데 무게가 일곱 근[七斤]이더라." 하였다.

依般若波羅蜜多故

의반야바라밀다고

'반야바라밀다에 의지한다'는 이 구절은 삼세 모든 부처님의 어머니이니, 이 반야바라밀다를 의지해서 시방세계의 모든 부처님이 흘러나오시는 것이다.

    이 반야바라밀다를 의지해서 수행하면 과보와 행업이 원만하여 등정각等正覺을 이루게 되고, 이 반야바라밀다를 여의고 수행하면 비록 한량없는 세월이 지나도록 부지런히 애써 정진하며 도를 이루기 희망하더라도 소승법에 속한 것이니 성문聲聞이나 연각緣覺인 벽지불辟支佛에 떨어지고 말게 된다.

    유위법有爲法은 마침내 일체 성과聖果를 성취하지 못하며 항상 정진을 애써 할지라도 능소能所가 있기 마련이다.

반야바라밀다를 의지해서 얻은 아뇩다라삼먁삼보리는 즉 아뇩다라삼먁삼보리가 아니라 이 이름이 아뇩다라삼먁삼보리인 것이며 수행하여 이보다 더 나아갈 것이 없는 최상의 극칙極則이며 그 과위果位는 무상정진無上正眞이니, "오직 이 한 일一事만 진실한 것이요, 나머지 이승二乘은 참다운 것이 아니다."라고 하였다.

원돈圓頓의 상승上乘을 만약 이밖에 다른 방법으로 수행하여 이 법보다 더 나아지려고 한다면 그렇게 될 수가 없다.

이것은 문자나 언어의 가르침 밖에 달리 전한 법敎外別傳으로, 세존께서 마지막에 꽃을 들어 보이시니 가섭迦葉이 미소하므로 정법안장正法眼藏을 마하대가섭摩訶大迦葉에게 전하여 주게 된 것이다.

이 법은 자기의 본성을 바로 보는 것이 바야흐로 전해 주는 것이며, 모든 성인들도 전해 주지 못하는 것이니 스스로 깨닫고 스스로 믿어야 하며 수기受記를 용납하지 않는다.

원돈圓頓의 지위는 홀로 드러내는 법이지만 선지식에게 나아가 참예하고 스승의 지시를 의지하여 인연이 있어야 깨닫게 된다.

원돈교圓頓敎는 인정이라고는 없으니 만일 생각하는 마음으로 전해 주는 것이 있다면 이것은 외도법이며, 나누어 주는 것이 있다든가 전해 주는 것이 있다든가 얻음이 있고 잃음이 있거나 가르침이 있고 줄 것이 있다면 이런 것은 모두 외도들의 삿된 소견으로 나고 죽는 근본이 된다.

삼세의 모든 부처님과 육대六代의 조사께서도 모두 스스로 닦고 스스로 증득하신 것이니, "우리의 종宗은 말이 없으며, 또한 한 법도 다른 사람에게 전해 줄 것이 없다."고 하였다.

만일 한 법이라도 수기授記하신 일이 있다면 석가모니 부처님이라 이름할 수가 없다.

만약 다른 사람들의 가르침을 받았거든 급히 토해 내버릴지어다.

무릇 사람들이 자기에게서 값 매길 수 없는 보배를 내어 쓰게 되면 쓰더라도 다함이 없게 되니 사물을 이롭게 하며 기틀에 응하더라도 마침내 아낌이 없으리라.

근성이 뛰어난 사람들은 하나를 들으면 천 가지를 깨달아 대총지大總持를 갖추거니와, 근성이 어중간하거나 하열下劣한 사람들은 많이 듣더라도 믿지 않는다.

이 믿기 어려운 법을 말하는 것이 참으로 희유希有한 일이다.
알겠는가?

달빛 아래 섰는 나무 그림자가 없으며
한낮의 정오에 삼경三更을 치는구나.

此句 是三世諸佛之母 從此流出十方諸佛. 依此句修行 果行圓滿 成等正
차구 시삼세제불지모 종차유출시방제불 의차구수행 과행원만 성등정

覺 離此外修行 雖經多劫 久守勤苦 有希望成道 屬小乘法 墮在聲聞緣
각 이차외수행 수경다겁 구수근고 유희망성도 속소승법 타재성문연

覺辟支佛. 有爲之法 終不成就一切聖果 須常精進 存有能所. 依般若波
각벽지불 유위지법 종불성취일체성과 수상정진 존유능소 의반야바

羅蜜多法 得阿耨多羅三藐三菩提 卽非阿耨多羅三藐三菩提 是名阿耨
라밀다법 득아뇩다라삼먁삼보리 즉비아뇩다라삼먁삼보리 시명아뇩

多羅三藐三菩提 修行更無過此 最上極則 果位無上正眞 唯此一事實 餘
다라삼먁삼보리 수행갱무과차 최상극칙 과위무상정진 유차일사실 여

二則非眞. 圓頓上乘 若外別修行 過此法者 無有是處. 此是教外別傳 世
이즉비진 원돈상승 약외별수행 과차법자 무유시처 차시교외별전 세

尊最後拈花 迦葉微笑 正法眼藏 分付與摩訶大迦葉. 此法 親見自性 方
존최후염화 가섭미소 정법안장 분부여마하대가섭 차법 친견자성 방

乃傳授 千聖不傳 自悟自信 不容受記 圓頓之位 獨孤標法 糸善知識 憑
내전수 천성부전 자오자신 불용수기 원돈지위 독고표법 참선지식 빙

師指示 有緣契悟. 圓頓敎 沒人情 若有思心傳授 是外道法 有分付 有傳
사지시 유연계오 원돈교 몰인정 약유사심전수 시외도법 유분부 유전

授 有得有失 有敎有授 盡是外道邪見 生死根本. 三世諸佛 六代祖師 自
수 유득유실 유교유수 진시외도사견 생사근본 삼세제불 육대조사 자

修自證 我宗無語句 亦無一法與人. 若有一法授記 不名釋迦 若被人敎
수자증 아종무어구 역무일법여인 약유일법수기 불명석가 약피인교

壞急須吐却. 大凡爲人 須從自己 流出無價珍 用無盡 利物應機 終不吝.
괴급수토각 대범위인 수종자기 유출무가진 용무진 이물응기 종불인

上根之人 一聞千悟 具大惣持 中下之機 多聞多不信 說此難信之法 希
상근지인 일문천오 구대총지 중하지기 다문다불신 설차난신지법 희

有之事. 會麽. 月下樹無影 日午打三更.
유지사 회마 월하수무영 일오타삼경

1

성문(聲聞)

① 부처님의 음성을 들은 제자. ② 부처님의 교법에 의하여 사제(四諦)의 이치를 관하고 스스로 아라한이 되기를 이상으로 하는 수행자.

2

연각(緣覺)

부처님의 교화에 의하지 않고 십이인연의 이치를 관찰하여 홀로 깨달은 성자. 벽지불(辟支佛), 또는 독각(獨覺)이라고도 한다.

3

아뇩다라삼먁삼보리(阿耨多羅三藐三菩提)

(p.252 得阿耨多羅三藐三菩提 1번 注 참조)

依般若波羅蜜多故

4
유차일사실 여이즉비진(唯此一事實 餘二則非眞)

『법화경』의 「방편품」에 나오는 말. 일사(一事)는 부처를 이룰 유일한 교법[一佛乘]을 알게 하기 위한 일대사인연(一大事因緣)을 말함.

5
염화미소(拈花微笑)

부처님께서 어느 날 영산회상(靈山會上)에서 설법을 하시는데 하늘에서 꽃비가 내렸다. 부처님이 그 꽃 한송이를 들어서(拈花) 백만 대중에게 보이니 모두 무슨 뜻인지 몰라서 어리둥절하였는데 가섭 존자만이 혼자 빙그레 웃었다(微笑). 이에 부처님은 "나에게 있는 바른 법[正法眼藏], 미묘한 법문[微妙法門]을 이제 마하가섭에게 나누어 주었다."고 선언하셨다. 이를 염화미소라 한다.

6
가섭(迦葉)

범어 Mahākāśyapa. 마하가섭(摩訶迦葉)이라고도 하며 대음광(大飮光)이라 번역. 본래 바라문 출신으로 부처님이 성도하신 지 3년 쯤 뒤에 귀의하였다. 부처님의 10대 제자 가운데 두타행(頭陀行)이 제일이었으며 영산회상(靈山會上)에서 부처님의 심인(心印)을 전해 받았다. 부처님이 열반하신 뒤 왕사성에서 오백의 아라한을 이끌고 제1차 결집[結集 : 경전편집]을 하면서 그 우두머리가 되었다.

7
정법안장(正法眼藏)

청정법안(淸淨法眼), 진정견해(眞正見解), 무상정법(無上正法)의 뜻. 교외별전(敎外別傳)의 심인(心印)을 말한다.

8
수기(受記)

언제 부처가 되리라고 하는 예언을 받는 것. 예언을 하여 주는 것은 수기(授記)라 한다.

9
아종무어구 역무일법여인(我宗無語句 亦無一法與人)
설봉(雪峰) 스님이 덕산(德山) 스님께 묻기를 "옛날부터 종풍(宗風)은 어떤 법으로써 사람들에게 보여줍니까?" 하니, "우리의 종(宗)은 말이 없으며 또한 한 법도 다른 사람에게 전해 줄 것이 없다."고 하였다.

10
석가(釋迦)
범어 Śākyamuni. 석가모니 부처님. 불교의 교조(敎祖).

得阿耨多羅三藐三菩提

득아뇩다라삼먁삼보리

'아뇩다라삼먁삼보리'는 범어이니, '아阿'는 없다無는 뜻이며, '뇩다라耨多羅'는 위上라는 뜻이며, '삼먁三藐'은 바르다正는 말이며, '삼보리三菩提'는 진리眞라는 말이니, 위 없는 바른 진리無上正眞라고 하며 또는 바른 깨달음을 이룬 것成等正覺이라고도 한다.

 이 무상정진無上正眞이라는 네 글자는 모름지기 자기가 몸소 보아야 할 것이니, 도를 보아야 비로소 도를 닦을 것이다.

 오천 사십 팔 권五千四十八卷의 많은 경전이 모두 이 무상정진無上正眞 네 글자를 설하여도 능히 다 설하지 못하였으며, 과거의 모든 부처님들이 설하시어도 또한 능히 다 설하시지 못하였다.

 삼세의 모든 부처님과 일체의 성현들이 이 무상정진無上正眞 네 글자를 의지하여 닦고 증득하여 다 성인의 과위果位를 얻게 된 것이다.

　　삼세의 모든 부처님이 처음 발심할 때에 이 네 글자를 구하여 각기 과위를 얻어 등각等覺 묘각妙覺을 원만히 이루시었으니, 말세의 중생들도 만일 이를 의지해서 반야바라밀다를 수행하면 '아뇩다라삼먁삼보리'법을 확연히 깨닫게 되리라.

　　무상정진無上正眞을 바로 보게 되면 지금 당장에 부처를 이루는 줄 알아서 곧바로 성인의 과위果位를 뛰어넘게 되리라.

　　이 무상정진無上正眞을 보고 싶은가?

　　산이며 강이며 온 세상 누리가
　　부처님의 알몸을 그대로 드러냈네.

此是梵語 阿之言無 耨多羅言上 三藐言正 三菩提言眞 此名無上正眞 又
차시범어 아지언무 녹다라언상 삼먁언정 삼보리언진 차명무상정진 우
云 成等正覺. 此四箇字 須是親見 見道方修道. 五千四十八卷 說此四箇字
운 성등정각 차사개자 수시친견 견도방수도 오천사십팔권 설차사개자
窮不能盡 過去諸佛 說亦不能盡. 三世諸佛 一切賢聖 皆依此四箇字 修證
궁불능진 과거제불 설역불능진 삼세제불 일체현성 개의차사개자 수증
盡歸聖果. 三世諸佛 初發心 求此四箇字 各得果位 圓成等覺妙覺 末代衆
진귀성과 삼세제불 초발심 구차사개자 각득과위 원성등각묘각 말대중
生 若依此 修行般若波羅蜜多 三藐三菩提法 廓然頓悟. 親見無上正眞 自
생 약의차 수행반야바라밀다 삼먁삼보리법 확연돈오 친견무상정진 자
知當作佛 直超聖果. 要見無上正眞麼. 山河及大地 全露法王身.
지당작불 직초성과 요견무상정진마 산하급대지 전로법왕신

아뇩다라삼먁삼보리(阿耨多羅三藐三菩提)

得阿耨多羅三藐三菩提

범어 anuttarāsaṃyaksaṃbodhi 의 음역. 무상정진(無上正眞), 무상정등정각(無上正等正覺), 성등정각(成等正覺)이라 번역한다. 부처님의 위없이 바르게 깨달은 진리.

2
말대(末代)

말세(末世), 혹은 말법시대(末法時代)를 말한다. 사람들의 마음이 어지럽고 여러 가지 죄악이 성행하는 시대. 부처님의 교법이 세상에 전해져 중생을 교화하는 데 처음 5백 년 동안은 정법(正法)시대로 교법을 닦는 사람도 많고 성과(聖果)를 얻는 사람도 많지만, 그 다음 천 년 동안은 상법(像法)시대가 되어 교법도 있고 수행하는 이도 있지만 깨치는 사람은 적어지며, 그 다음 만 년 동안은 말법(末法)시대가 되어 교법이 미약하고 수행하는 사람도 별로 없으리라 하였다.

3
산하급대지 전로법왕신(山河及大地 全露法王身)

항주(杭州)의 홍수(洪壽) 선사가 운력(運力)을 하다가 장작이 땅에 떨어지는 소리를 듣고는 깨달아 다음 게송을 지었다.

박락비타물(撲落非他物)
종횡불시진(縱橫不是塵)
산하급대지(山河及大地)
전로법왕신(全露法王身)

딱! 맞아 떨어지니 남의 물건 아니고
이리 보고 저리 봐도 바깥경계 아니니
산이며 강이며 온 세상 누리가
부처님의 알몸을 그대로 드러냈네.

故知般若波羅蜜多

고지반야바라밀다

과거의 모든 부처님이 자비하신 마음으로 중생들을 가엾이 여기시사 갖가지 지혜의 방편으로 기틀 따라 중생들을 이롭게 하시니, 탑이나 불상과 경전 속의 일체 말씀으로 인因을 설하시고 과果를 설하시는 것은 다만 거짓 이름假名으로써 유정有情들을 인도하시어 천당·지옥과 부처님의 지위에 오르는 차례인 삼현三賢·십성十聖과 연각·성문의 사성육범四聖六凡들을 차례대로 가까이 이끌어들이기 위한 것이다.

　홀연히 스스로 깨달아 자기의 본성을 보게 되면 모든 부처님의 지위를 뛰어넘어 단번에 곧바로 여래의 경지에 들어가게 되리라.

　원돈의 지위는 이름을 세우지 않는 것이다.

　만일 자기의 본성을 바로 보지 못하고 바깥을 향해서만 치달려

구한다면 마침내 어느 해 어느 달 어느 날 어느 때에도 깨달음을 성취하지 못할 것이니, 무슨 일로 인하여 이 일을 밝혀 내겠는가?

"도 배우려 하거든 깨닫기를 먼저 하라."고 하였으니, 만일 그렇지 못하거든 문자를 떠나서 다니거나 머물거나 앉으나 누우나 언제 어디서든 머리 위에 붙은 불을 끄듯이 급히 참구하여라.

어느 날 문득 깨닫게 되면 같이 닦고 같이 배우며, 같이 깨닫고 같이 증득하며, 같이 계합하고 같이 말하며, 모든 성인들과 다 같이 한 곳으로 돌아가리라.

만일 스스로 알음알이나 배우면서 다른 사람에게 나아가 매달려 구하고 외도들의 삿된 소견에 집착하게 되면 생사의 갈래길에서 자기 업業을 따라 과보를 받게 되니 같이 더불어 이야기 할 것이 못 된다.

어찌 보지 못했던가.

수보리須菩提가 진묵겁塵墨劫 전부터 수행하여 석가모니 부처님 회상會上에 이르러 해공제일解空第一이었는데, 방등方等경전을 설하시는 모임 가운데서 『금강경』을 청하여 묻고는 사구게四句偈에 확연히 깨달아 눈물을 흘리며 슬피 울면서 스스로 탄식해 말하기를 "전에 얻은 지혜의 눈으로는 일찍이 이 경經을 들어보지 못하였습니다."고 하였다.

"삼세의 모든 부처님이 모두 이 경에서 흘러나온다."고 하였으니, 어떤 것이 이 경經인가?

이 경을 알고 싶은가?

서쪽에는 구야니
북쪽에는 울단월.

過去諸佛 慈愍衆生 百種智慧方便 隨機利物 泥龕塑像 黃卷赤軸 一切語
과거제불 자민중생 백종지혜방편 수기리물 니감소상 황권적축 일체어

言 說因說果 但以假名字 引導於有情 天堂地獄 諸佛位次 三賢十聖 緣
언 설인설과 단이가명자 인도어유정 천당지옥 제불위차 삼현십성 연

覺聲聞 四聖六凡 次第接引. 忽然自悟 見自本性 超過諸佛位 一超直入如
각성문 사성육범 차제접인 홀연자오 견자본성 초과제불위 일초직입여

來地. 圓頓之位 不立名字. 若不見性 向外馳求 終不成就 悟有年有月有
래지 원돈지위 불립명자 약불견성 향외치구 종불성취 오유년유월유

日有時 因甚麼事 發明此事. 學道先須有悟由 若不如是 離文字外 行住坐
일유시 인심마사 발명차사 학도선수유오유 약불여시 이문자외 행주좌

臥 火急自究. 一日頓悟 同修同學 同悟同證 同契同道 諸上善人 同歸一
좌 화급자구 일일돈오 동수동학 동오동증 동계동도 제상선인 동귀일

處. 若自學解 就人馳求 各執外道邪見 生死各路 隨業受報 不可共語. 豈
처 약자학해 취인치구 각집외도사견 생사각로 수업수보 불가공어 기

不見. 須菩提 塵墨劫前修行 直至釋迦會下 只得解空第一 方等會中 金剛
불견 수보리 진묵겁전수행 직지석가회하 지득해공제일 방등회중 금강

請問 四句偈 廓然頓悟 涕淚悲泣 自嘆云 前所得慧眼 未常聞此經. 三世
청문 사구게 확연돈오 체루비읍 자탄운 전소득혜안 미상문차경 삼세

諸佛 皆從此經流出 如何是此經. 要識此經麼. 西瞿耶尼 北鬱單越.
제불 개종차경유출 여하시차경 요식차경마 서구야니 북울단월

1
백종지혜방편(百種智慧方便)

불보살이 중생을 진실한 대도(大道)에 이끌어 들이기 위해 쓰는 온갖 수단 방법이니, 근기에 따라 참선·염불·지계(持戒)·다라니(多羅尼)·간경(看經)·참회·보시(布施)·인욕 등등의 온갖 방편을 말함.

2
니감소상(泥龕塑像)

니감(泥龕)은 진흙을 구워 만든 벽돌 등으로 지은 부처님을 모시는 방이나 탑을 말함. 소상(塑像)은 진흙으로 빚은 불상을 말함.

3
황권적축(黃卷赤軸)

불경(佛經)을 말한다. 옛날의 불경은 누런 종이나 누런 비단에 경문을 쓰고 붉은 빛의 막대(軸)를 붙여서 둘둘 말게 한 두루마리식이었으므로 이렇게 부른다. 지금도 책을 세는 단위는 두루마리인 권(卷)으로 세고 있다. 일설(一說)에는 범본(梵本: 범어로 된 경전)은 패다라(Pattra) 나뭇잎에 썼는데 그 잎은 누렇고 대는 붉었으므로 그것을 본뜬 것이라 한다.

4
삼현(三賢)

보살 수행의 계위(階位)인 오십이위(五十二位) 가운데 처음 십신(十信)의 계위를 지나서 십주(十住), 십행(十行), 십회향(十廻向)의 위(位)에 있는 보살을 말한다. ① 십주(十住) - 52위 가운데 제11위에서 20위까지 말함. 마음이 진제(眞諦)의 이치에 안주(安住)하는 위치. ② 십행(十行) - 제21위에서 30위까지. 이타(利他)의 수행에 노력하는 지위. ③ 십회향(十廻向) - 제31위에서 40위까지. 지금까지 닦은 자리이타(自利利他)의 여러 가지 행을 일체 중생을 위하여 돌려주는(廻) 동시에 이 공덕으로 불과(佛果)를 향(向)해 나아가며 깨달음에 도달하려는 지위.

5
십성(十聖)

보살 수행의 52계위 가운데 제41위부터 50위까지의 십지(十地)를 말한다. 부처님 지혜를 생성하고 중생을 교화하여 이익케 하는 것이 마치 대지(大地)가 만물을 기르고 이익케 하는 것과 같으므로 지(地)라 한다.

6
학도선수유오유(學道先須有悟由)

용아(龍牙) 선사의 게송에 있는 말.

학도선수유오유(學道先須有悟由)
환여증투쾌룡주(還如曾鬪快龍舟)
수연구각한전지(雖然舊閣閑田地)
일도영래방시휴(一度嬴來方始休)
도 배우려 하거든 깨닫기를 먼저 하라.
그래야 날쌘 용주 겨루던 것 같으리라.
그러나 옛집의 한가한 경지에는
다시 한 번 깨어나야 쉴 수 있게 되리라.

7
진묵겁(塵墨劫)
한량없는 세월을 말함. 『법화경』의 「화성유품(化城喩品)」에 나옴. 어떤 사람이 삼천대천세계에 형상이 있는 모든 것들을 갈아서 먹(墨)을 만들어 동쪽으로 가면서 일천 국토를 지날 때마다 티끌만한 한 점을 내리쳐서 그 먹이 다하도록 가게 되면 그 국토의 수는 헤아릴 수 없이 많게 된다. 이 사람이 지나가며 점을 친 국토나 점을 치지 않은 국토를 모두 모아 부수어 티끌을 만들어서 그 티끌 하나마다 한 겁(劫)씩 계산하여 그 티끌이 다하도록 계산한 것이 진묵겁(塵墨劫)이라 하였으니 상상조차 할 수 없는 기나긴 세월이다.

8
해공제일(解空第一)
지혜로써 만유제법은 모두 공하다는 이치를 잘 아는 제1인자. 부처님 10대 제자 가운데 수보리를 해공제일이라 한다.

9
방등회중(方等會中)
방등(方等)경전을 설하시던 때. 방등이란 대승경전의 총칭. 횡(橫)으로는 방광보변(方廣普遍)의 참다운 이치이며, 종(縱)으로는 범부나 성인이나 평등(平等)한 교(敎)이므로 방등이라 한다.

10
사구게(四句偈)

네 구절[四句]로 된 게송. 『금강경』의 사구게는 범소유상 개시허망 약견제상비상 즉견여래(凡所有相 皆是虛妄 若見諸相非相 卽見如來 : 무릇 형상이 있는 것은 모두가 허망한 것이니, 만일 모든 형상이 곧 형상이 아닌 줄을 알면 바로 여래를 알게 된다.)이다.

11
삼세제불 개종차경 출(三世諸佛 皆從此經出)

『금강경』에 "수보리야! 모든 부처님과 부처님의 아뇩다라삼먁삼보리법이 모두 이 경에서 나오는 것이다."라고 하였다.

12
서구야니 북울단월(西瞿耶尼 北鬱單越)

수미산을 중심으로 사방에 네 개의 대주(大洲)가 있으니, 동쪽에는 승신주(勝身州), 남쪽에는 염부제(閻浮提), 서쪽에는 구야니(瞿耶尼), 북쪽에는 울단월(鬱單越)이 있다고 한다.

是大神呪

시대신주

이 대신주大神呪는 역시 중생들이 다 갖추고 있는 마음의 주心呪이며 역시 중생들의 심지법문心地法門이다.

　　　이 법문을 얻으면 큰 신통력을 지니게 되어 삿된 것을 막고 바른 것을 내세우며, 대지를 바꾸어 황금으로 만들고 강물을 저어서 소락酥酪으로 만들며, 하나의 털끝 위에 부처님 국토를 나투고 가는 먼지 속에서 큰 법륜法輪을 굴리며, 손길 닿는 대로 잡다가 능히 사람을 죽이기도 하고 또한 능히 살리기도 하는 것이다.

　　　이 신주神呪는 마음 일으키고 생각 움직이면 외도들의 혼백이 놀라게 되고 진리의 근원으로 돌아가게 하며 마구니의 궁전을 진동시키는 부처님의 비밀한 신주神呪이다.

이 주(呪)를 알고 싶은가?

신통과 묘용이 딴 게 아니라
물 긷고 나무하는 그런 것이다.

此呪 亦是衆生具足心呪 亦是衆生心地法門. 得此法門 有大神通 拘邪立
차주 역시중생구족심주 역시중생심지법문 득차법문 유대신통 구사입
正 變大地作黃金 攪長河爲酥酪 一毫端上 現寶王刹 一微塵裏 轉大法
정 변대지작황금 교장하위소락 일호단상 현보왕찰 일미진리 전대법
輪 信手拈來 亦能殺人 亦能活人. 此神呪 擧心動念 外道魂驚 反眞歸源
륜 신수염래 역능살인 역능활인 차신주 거심동념 외도혼경 반진귀원
魔宮震動 如來秘密神呪. 要識此呪麽. 神通並妙用 運水及搬柴.
마궁진동 여래비밀신주 요식차주마 신통병묘용 운수급반시

1
주(呪)

범어 dhāranī. 다라니(多羅尼)라 음역. 총지(惣持), 능차(能遮)라 번역. 무량무변한 뜻을 지니고 있어 모든 악한 법을 버리고 한량없이 좋은 법을 가진다. 범문(梵文)을 번역하지 않고 범음(梵音) 그대로 외운다. 흔히 짧은 구절을 진언(眞言) 또는 주(呪)라 하고, 긴 구절로 된 것을 다라니 또는 대주(大呪)라 한다. 이것을 외우게 되면 많은 공덕을 얻는다고 한다.

2
심지법문(心地法門)

근본 마음자리를 밝히는 교법의 문. 심지(心地)는 마음이 일체 만법을 내는 것이 마치 땅에서 온갖 초목이 생기는 것과 같으므로 심지라 하고, 법문(法門)이란 부처님의 교법이 중생들로 하여금 깨달음에 들게 하는

문이므로 이렇게 말함.

3
보왕찰(寶王刹)

보왕(寶王)은 부처님을 일컫는 말. 찰(刹)은 범어 kṣetra의 음역인 찰다라(刹多羅)의 준말로, 국(國), 토전(土田), 처(處)라 번역한다. 보왕찰은 곧 불국토, 부처님 세계이다.

4
법륜(法輪)

범어 dharmacakra. 교법을 말한다. 부처님 교법은 한 사람, 한 곳에 머물지 않고 온 세상에 늘 수레바퀴처럼 굴러가므로 법륜이라 한다.

5
마궁(魔宮)

욕계 제6천(天)의 임금인 파순(波旬: Pāpīyas)의 궁전. 번뇌 망상의 소굴. 파순은 항상 악한 뜻을 품고 나쁜 법을 만들어 수도인을 방해하고 사람들의 지혜를 끊는다고 한다. 누구든지 정법(正法)에 발심하게 되면 이 마구니의 궁전이 저절로 뒤흔들리기 때문이다.

6
신통병묘용 운수급반시(神通幷妙用 運水及搬柴)

방온(龐蘊) 거사에게 마조(馬祖) 스님이 "요즈음 자네는 어떻게 지내는가?" 하고 물으니 다음 게송을 지어 답하였다.

일일사무별(日日事無別)
유오자우해(惟吾自偶諧)
두두비취사(頭頭非取捨)
처처물장괴(處處勿張乖)
주자수위호(朱紫誰爲號)
구산절진애(丘山絶塵埃)

신통병묘용(神通幷妙用)
운수급반시(運水及搬柴)
날마다 하는 일은 다른 것 없고
오직 나를 짝하면서 지내가나니.
무엇이든 취하거나 버리지 않고
어디서든 틀리거나 어김이 없다.
옳으니 그르니를 누가 말하나.
산언덕에 티끌 하나 찾을 수 없네.
신통과 묘용이 딴 게 아니라
물 긷고 나무하는 그런 것이지.

是大明呪
시대명주

이 대명주大明呪는 마음의 광명心光이 나타난 것이니, 이 주呪는 하늘과 땅에 널리 비치어 온 우주를 밝게 비춘다.

　　이 주呪는 삼천대천세계를 두루 덮고 그 광명이 밝게 빛나 시방세계를 널리 비추면서 법계를 감싸고 있는 대광명장大光明藏이니, 일월日月보다 더 밝아서 비추지 않는 곳이 없으므로 이를 대명주大明呪라 한 것이다.

　　이 대명주를 알고 싶은가?

　　못을 파며 달 나오기 기다리지 않더라도
　　연못 되면 밝은 달은 저절로 나타나리.

心光發現 此呪 照天照地 爍破乾坤. 此呪 遍覆三千大千世界 光明動
심광발현 차주 조천조지 삭파건곤 차주 변부삼천대천세계 광명동

耀 普照十方 包含法界 大光明藏 過於日月 無處不照 是大明呪. 要識
요 보조시방 포함법계 대광명장 과어일월 무처부조 시대명주 요식

此呪麼. 鑿池不待月 池成月自來.
차주마 착지부대월 지성월자래

1
심광(心光)
내광(內光), 지혜광(智慧光)이라고도 한다. 지혜의 밝음을 광명에 비유.

2
대광명장(大光明藏)
(p.248 依般若波羅蜜多故 1번 注 참조)

是無上呪

시무상주

이 무상주無上呪는 가장 높아서 다시 이보다는 더 지날 수가 없는 것이니 이는 모든 주呪의 왕이다.

　　이 주呪가 제일이니 다른 신주神呪로써 이보다 더 나으려 해도 마침내 미치지 못하게 된다.

　　일체의 만법이 이 마음의 주心呪에서 벗어나지 않으며 능히 넘을 수가 없으므로 이를 무상주無上呪라 한 것이다.

　　이 주呪를 알고 싶은가?

　　장림산 아래의 대나무 뿌리니라.

此呪 最上 更無過者 是諸呪之王. 此呪第一 將別神呪 過於此呪 終
차주 최상 갱무과자 시제주지왕 차주제일 장별신주 과어차주 종
不能及. 一切萬法 不出於心呪 無能越者 是無上呪. 要見此呪麼. 杖
불능급 일체만법 불출어심주 무능월자 시무상주 요견차주마 장
林山下竹根鞭.
림산하죽근편

장림산하죽근편(杖林山下竹根鞭)

풍혈(風穴) 선사에게 어떤 스님이 묻기를 "어떤 것이 부처입니까?" 하니, "장림산 아래의 대나무 뿌리니라." 하였다.

장림산(杖林山)은 『서역기(西域記)』에 "옛날 마갈타국(摩竭陀國)에 한 외도 바라문이 있었는데 석가모니 부처님의 키가 장육(丈六: 一丈六尺 즉 十六尺)이라 함을 듣고는 믿어지지 않아서 16척이 되는 대나무 장대를 가지고 와서 부처님의 키를 재어보니 그 장대로 재고서도 오히려 16척이 남았다. 다시 더 긴 장대를 가져와서 재어 봐도 또 마찬가지로 그 장대 끝에서 16척이 남았다. 이와 같이 아무리 재어 봐도 16척이 남으므로 장대를 땅에 꽂고 가버렸다. 그런데 그 장대 뿌리에서 새순이 돋아나 숲이 되었다는데 지금은 대숲이 그 산과 골짜기에 가득하니 장림산(杖林山)이라 부르며, 왕사성(王舍城) 부근의 불타벌나산(佛陀伐那山)의 동쪽 30리에 있다."고 하였다.

是無等等呪
시무등등주

이 무등등주無等等呪는 변두리가 없어서 가히 견주어 볼 수가 없으니, 다른 모든 주呪를 이 주呪와 비교해 보려 해도 마침내 비교할 수가 없다.
　이 주呪는 세상에서 희유希有한 것이니, 이 믿기 어려운 주呪를 아무리 설하더라도 모름지기 이 주呪를 몸소 보아야만 사람들이 스스로 긍정하게 될 것이며 말로써는 어찌 다 말할 수가 없다.
　이 무등등주를 알고 싶은가?

　삼 서 근麻三斤이여!
　두 발 가진 낙타가 북두北斗를 감추었네.

此呪 無邊際 不可比況 將諸呪 比並此呪 終不能得 此呪 世間希有
차주 무변제 불가비황 장제주 비병차주 종불능득 차주 세간희유

說此難信之呪 須是親見此呪 爲人自肯 不可說不可說. 要見此呪麽.
설차난신지주 수시친견차주 위인자긍 불가설불가설 요견차주마

麻三斤.¹ 兩脚駱駝藏北斗.²
마 삼 근   양 각 낙 타 장 북 두

1
마삼근(麻三斤)

어떤 스님이 동산 수초(洞山守初) 선사에게 묻기를 "어떤 것이 부처입니까?" 하니, 답하시기를 "삼 서 근[麻三斤]이니라."고 하였다.

2
양각낙타장북두(兩脚駱駝藏北斗)

"두 발 가진 낙타가 북두(北斗)를 감추었다."는 이 말은 무등등주(無等等呪)인 반야바라밀다를 바로 가리킨 격외(格外)의 언구(言句)이다. 이는 일반적인 사량분별로써는 미칠 수 없는 말이니 잘 참구해 보아야 할 것이다.

※

무등등(無等等)이란 ① 등등(等等)함이 없는 것이니, 그 무엇으로도 견주어 볼 수 없다는 뜻. ② 무등(無等)의 등(等)이니, 무등은 차별, 등은 평등, 차별한 그 가운데 평등하고 평등한 가운데 차별한 것. 차별에 즉(卽)한 평등이며 평등에 즉한 차별이다. 같지 않으면서 다르지 않고 다르면서 같다는 뜻이다. (p.35 摩訶 3번 平等 注 참조.)

能除一切苦

능제일체고

부처님은 중생들이 사바세계에 떨어져서 무량한 세월이 지나도록 떠돌아다니며 괴로움을 받는 것이 끝없음을 자비하신 마음으로 가엾게 여기시사 갖가지 방편으로 중생들을 제도하여 다 함께 극락세계로 돌아가게 하신 것이다.

부처님께서 스스로 탄식해 이르시되 "내가 과거의 한량없는 세월 동안에 일찍이 흰 개의 몸을 받았던 것만 하더라도 그 뼈를 쌓으면 수미산과 같으며, 길러주신 어머니의 젖을 받아 마신 것이 바닷물만큼이나 많으니, 나머지 갖가지 몸을 받았던 것은 이루 말로 다 할 수가 없다."고 하시었다.

부처님이 대자대비大慈大悲로 이 세상에 출현하시어 미혹한 중생들을 제도하여 다같이 불난 집과 같은 삼계를 벗어나게 하시었으나, 중생들이 오욕락에 탐착하기 때문에 벗어날 기약이 없는 것이다.

만약 어떤 사람이 달마 스님께서 서천西天에서 오시어 '사람들의 마음을 곧바로 가리켜서 자기의 본성을 바로 보아 부처를 이루게 한다直指人心見性成佛.'는 것을 믿어서 오나 가나 이를 생각하다가 홀연히 자기의 본성을 바로 보게 되면, 지금 당장에 부처를 이루며 이 마음이 부처인 줄 스스로 알게 되어 불난 집과 같은 삼계를 벗어나서 영원히 윤회를 면하게 되고 다시는 생사生死를 받지 않으리라.

스스로 한번 믿게 되면 머리를 돌리지도 않고 곧바로 미륵彌勒 부처님이 하생下生하심을 맞게 되어 기틀 따라 중생을 이롭게 하며 갖가지 모양을 나투어 온갖 방편으로 중생을 교화하고 제도하리라.

과거의 모든 성인들도 오래오래 부지런히 애써 정진하여 자기의 본성을 바로 보고서는 생각생각에 언제 어디서나 그를 만난 것이다.

말해 보아라! 능히 일체 고액을 없애고는 마지막에 어느 곳으로 가겠는가?

알겠는가?

어디서나 돌아갈 길 만나게 되고
언제든지 그 자리가 고향이라네.
옛날이나 지금이나 드러난 일을
무엇하러 이리저리 생각하리오.

佛意慈愍 衆生墮在娑婆 流浪經劫 受苦無窮 種種方便 救度衆生 同歸
불의자민 중생타재사바 유랑경겁 수고무궁 종종방편 구도중생 동귀

極樂. 世尊自嘆云 吾過去劫中 曾作白犬身 積骨如須彌 喫孃孃乳 如大
극락 세존자탄운 오과거겁중 증작백견신 적골여수미 끽낭내유 여대

海水 未說種種身. 佛大慈悲 出現於世 救度群迷 同出火宅 爲衆生貪着
해수 미설종종신 불대자비 출현어세 구도군미 동출화택 위중생탐착

五欲 無有出期. 若有人 諦信達磨西來 直指人心 見性成佛 念玆在玆 忽
오욕 무유출기 약유인 체신달마서래 직지인심 견성성불 염자재자 홀

然見性 自知當作佛 是心是佛 救出火宅 永免輪廻 更不受生. 自信一去
연견성 자지당작불 시심시불 구출화택 영면윤회 갱불수생 자신일거

不廻頭 直待彌勒下生 隨機利物 應現種種相 種種方便 化度群生. 從上
불회두 직대미륵하생 수기리물 응현종종상 종종방편 화도군생 종상

諸聖 久受勤苦 方得見自本性 心心念念 處處逢渠. 且道. 末後向甚麼處
제성 구수근고 방득견자본성 심심념념 처처봉거 차도 말후향심마처

去. 會麼. 處處逢歸路 時時復故鄉 古今成現事 何必待思量.
거 회마 처처봉귀로 시시복고향 고금성현사 하필대사량

세존자탄운(世尊自嘆云)~

『보살처태경(菩薩處胎經)』에 이르시되 "내가 무수겁(無數劫) 동안 생사도(生死道)를 왕래하면서 몸을 버리고 또 받을 때에 포태법(胞胎法)을 여의지 않았었다. 내가 이제 이와 같이 지내온 바를 모두 헤아려서 그 가운데 하나만을 기억해 보건대, 순전히 흰 개의 몸(白犬身)을 받았던 것만도 그 뼈를 한 곳에 모으면 수억의 수미산과 같으니 이 세상 어느 곳이든 바늘을 땅에 꽂더라도 내 몸 아니었던 데가 없을 것인데 더구나 잡색의 개로 받았던 몸까지 헤아리자면 그 수를 어찌 다 셀 수가 있겠는가? 그래서 나는 마음을 잘 가다듬어 다시는 탐착하거나 방일하지 않는다."고 하였다.

또 『열반경(涅槃經)』「고귀덕왕보살품(高貴德王菩薩品)」에 이르시되 "선

남자여! 보살마하살이 모든 중생들이 색·성·향·미·촉의 인연을 위하여 지난 세상 한량없고 수없는 겁으로부터 항상 괴로움 받아 온 것을 관찰하나니, 낱낱 중생이 한 겁 동안에 쌓인 뼈가 왕사성(王舍城)의 비부라산과 같고 먹은 젖이 사해의 물과 같고 몸에서 난 피는 사해의 물보다도 많으며 부모 형제 처자 권속이 죽었을 때에 흘린 눈물도 사해의 물보다 많으며, 땅 위의 초목을 모두 베어 셈을 하는 가지를 만들어서 부모 형제를 세어도 다 셀 수 없으며, 한량없는 겁 동안에 지옥·아귀·축생의 갈래에서 받은 고통도 이루 헤아릴 수가 없으며, 땅덩이를 깨어서 대추만큼씩 빚어서 다하기는 쉽지만 한량없이 나고 죽은 것은 다 말할 수 없느니라. 보살마하살이 이와 같이 모든 중생이 애욕의 인연으로 받은 고통이 한량없음을 관찰하므로 생각하는 지혜를 잃지 않느니라."고 하시었다.

2
미륵하생(彌勒下生)

미륵은 범어 Maitreya. 번역하여 자씨(慈氏), 이름은 아일다(阿逸多: Ajita). 무승(無勝), 막승(莫勝)이라 번역. 인도 바라나국의 바라문 집에서 태어났다. 석가모니 부처님의 교화를 받고 미래에 성불하리라는 수기를 받아 도솔천에 올라가 있는데, 지금은 그 하늘의 천인을 교화하다가 석가모니 입멸 후 56억 7천만 년이 지나면 다시 이 사바세계에 출현하여 화림원(華林園) 안의 용화수(龍華樹) 아래에서 성도하여 3회의 설법으로 석가모니불의 교화에서 빠진 모든 중생들을 제도한다고 한다. 이것을 미륵하생이라 한다.

眞實不虛
진실불허

모든 부처님이 이 신주神呪를 설하시어 모든 유정들을 제도하여 해탈케 하시니, 진실하여 거짓되지 않으며 틀리는 말이 아니며 속이는 말이 아니다.

"실상을 깨달으면 나와 경계가 없어져 한 찰나 사이에 아비업阿鼻業이 사라진다."고 하였으니, 범어梵語인 '아비'는 번역하면 무수겁無數劫이라는 뜻이다.

무릇 형상이 있는 것은 모두가 허망한 것이니, 이 모양 없는 모양이 바로 진실한 모양이기 때문이다.

삼천대천세계가 모두 무너져 없어진다 할지라도 이 모양 없는 진실한 모양은 없어지지 않으니, 어째서 없어지지 않는가? 대천세계와 같기 때문이니라.

　　　대천세계가 무너지거나 무너지지 않거나 주인은 원래 있는 것이니 "암자 속의 죽지 않는 사람不死人을 알고자 한다면 어찌 지금 이 가죽부대인 몸뚱이를 여의고 있겠는가?"라고 하였으며, 가죽부대는 무너지기 마련이나 이 주인은 없어지지 않기 때문에 옛사람이 이르시되 "백 토막의 뼈마디는 모두가 무너져 흩어지고 말지만 한 물건은 그대로 길이길이 신령스럽다."고 하였던 것이다.

　　　경에 이르시되 "나에게 값을 따질 수 없는 보배가 있는데 옷 안에 매어져 있다."고 하였으니, 밤낮으로 애써 이를 추구해 보면 홀연히 보게 되므로 "마니주 보배구슬을 사람들이 모르다가 여래장如來藏 속에서 친히 얻어 갖는다."고 하였다.

　　　비록 이와 같기는 하지만, 도를 알기는 쉬워도 도를 지키기는 어려운 것이다.

　　　이러한 구슬을 보고 싶은가?

　　　아침에는 떠도는 조각 구름 바라보고
　　　저녁에는 흘러가는 물소리를 듣는다네.

一切諸佛 說此神呪 度脫有情 眞實不虛 不異語 不誑語. 證實相 無人法
일체제불 설차신주 도탈유정 진실불허 불이어 불광어 증실상 무인법
刹那滅却阿鼻業 梵語 阿鼻 此飜無數劫. 凡所有相 皆是虛妄 爲此無相
찰나멸각아비업 범어 아비 차번무수겁 범소유상 개시허망 위차무상
之相 是眞實之相. 大千俱壞此相不壞 爲甚不壞 爲同大千. 壞與不壞主
지상 시진실지상 대천구괴차상불괴 위심불괴 위동대천 괴여불괴주

元在 欲識庵中不死人 豈離而今這皮袋 皮袋定壞 此主不壞 古云 百骸
원재 욕식암중불사인 기리이금저피대 피대정괴 차주불괴 고운 백해

俱潰散 一物鎭長靈. 經云 我有無價寶珠 繫在衣裏 日夜推究 忽然而見
구궤산 일물진장령 경운 아유무가보주 계재의리 일야추구 홀연이견

摩尼株 人不識 如來藏裏親收得. 然雖如是 見道易 守道難. 要見此珠麽.
마니주 인불식 여래장리친수득 연수여시 견도이 수도난 요견차주마

朝看雲片片 暮聽水潺潺.
조간운편편 모청수잔잔

1
증실상 무인법 찰나멸각아비업
(證實相 無人法 刹那滅却阿鼻業)

영가 현각(永嘉玄覺) 선사의 『증도가』에 나오는 말.[아비(阿鼻)는 p.048 般若 3번 注 참조]

2
위심불괴 위동대천 (爲甚不壞 爲同大千)

익주(益州)의 대수 법진(大隨法眞) 선사에게 어느 스님이 묻기를 "겁화(劫火)가 활활 타면 대천세계가 모두 무너진다고 하는데 그것도 무너집니까?" 하니, 선사가 이르기를 "무너지느니라." 하였다. 다시 묻기를 "그러면 그를 따라가는 것이군요." 하니, "그를 따라가느니라." 하였다. 그 스님이 다시 수산주(修山主)에게 전과 같이 물었더니, 수산주가 말하기를 "무너지지 않느니라." 하였다. "어째서 무너지지 않습니까?" 하니, 수산주가 "대천세계와 같기 때문이니라." 하였다.

3
욕식암중불사인 기리이금저피대
(欲識庵中不死人 豈離而今這皮袋)

석두 희천(石頭希遷) 선사의 초암가(草菴歌)에 나오는 말. 불사인(不死人)은 불생불멸(不生不滅)의 본래인(本來人), 피대(皮袋)는 가죽주머니

즉 이 몸뚱이를 말한다.

4

고운(古云)~

단하 천연(丹霞天然) 선사의 완주음(玩珠吟)에서 "백 토막의 뼈마디는 무너지고 흩어져서 불이나 바람으로 돌아가지만, 한 물건은 오래오래 신령하여 하늘을 덮고 땅을 덮는다(百骸俱潰 歸火歸風 一物長靈 盖天盖地)."고 하였다.

5

경운(經云)~

『법화경』의 「오백제자수기품」에 "어떤 사람이 친구 집에 갔다가 술에 취하여 누워 자는데 주인 되는 친구는 관청 일로 길을 떠나게 되었다. 그래서 주인친구는 값으로 따질 수 없는 좋은 보배를 옷 안에 매어주고 갔는데 그 사람은 취해 누워서 알지 못하고 깨어난 뒤에는 길을 떠나 다른 지방으로 돌아다니면서 온갖 고생을 하며 간신히 지내고 있었다. 얼마 후에 그 친구를 다시 만났더니 '그 때 그대를 위해 옷 안에다 보배를 매어두었다.'는 말을 하므로 그 때서야 보배를 팔아 가난을 면하였다."는 비유가 있다. 이는 오랜 세월 전에 대승교(大乘敎)의 종인(種因)을 받았으나 무명번뇌 때문에 그것을 알지 못하다가 법화회상(法華會上)에 참여하여 처음으로 깨달은 것에 비유한 것이다.

6

마니주 인불식 여래장리친수득
(摩尼珠 人不識 如來藏裏親收得)

영가(永嘉) 선사의 『증도가』에 나오는 말. 마니는 범어 Mani. 번역하여 여의(如意), 무구(無垢)라 함. 이 구슬은 용왕의 뇌 또는 입 안에서 나온 것이며, 이것을 가지면 무엇이든 뜻대로 되는(如意) 공덕이 있다고 한다. 여래장(如來藏)은 중생이 여래의 성품과 덕을 함장(含藏)하고 있다는 뜻이다.

故說般若波羅蜜多呪

고설반야바라밀다주

'그래서 반야바라밀다주를 설한다.'는 이 말은 이 앞의 여러 가지 방편의 말들을 전부 매듭지어 모두 하나로 돌아가는 것이니 대총지大惣持를 갖추어 다같이 한마음으로 돌아가는 법이다.

    옛사람이 이르시되 "모든 법의 성품을 살펴보아라! 모든 것이 오직 마음이 지어내는 것이다."라고 하였다.

    이 한마음을 미혹한 자는 정식情識이라 부르니 죽어서 윤회를 받지만, 이 마음을 깨달은 자는 비밀한 신주神呪가 되니 무생법無生法을 얻게 된다.

    여래如來에게는 밀어密語가 있고 가섭迦葉에게는 밀장密藏이 있어서 이 신주를 깨달은 것이다.

누구든지 오로지 한마음으로 이 주呪를 받아 가지면 공덕과 행업이 원만해지고, 언제나 이 주呪를 지녀 가지면 귀신이 멀리 떠나게 되고 모든 하늘이 가만히 귀 기울여 들으며 언제나 기뻐하리라.

이 주呪를 알고 싶은가?

바깥에도 있지 않고 안에도 있지 않고 중간에도 안팎에도 그 어디에도 있지 않다네.

말해 보아라! 어디에 있겠는가?

알겠는가?

상대인구을기上大人丘乙己!

잘 들어라 잘 들어!

此句 結前多種方便語言 惣歸於一 具大惣持 同歸一心之法. 古云 應觀
차구 결전다종방편어언 총귀어일 구대총지 동귀일심지법 고운 응관
法界性 一切唯心造. 迷者呼爲情識 死後受輪廻 悟者爲秘密神呪 得無生
법계성 일체유심조 미자호위정식 사후수윤회 오자위비밀신주 득무생
法. 如來有密語 迦葉有密藏 悟此神呪. 若人專心受持 功行圓滿 常持此
법 여래유밀어 가섭유밀장 오차신주 약인전심수지 공행원만 상지차
呪. 鬼神遠離 諸天寂聽常歡喜. 要見此呪麽. 不在外 不在內 不在中間與
주 귀신원리 제천적청상환희 요견차주마 부재외 부재내 부재중간여
內外. 且道. 在什麽處. 會麽. 上大人丘乙己 諦聽諦聽.
내외 차도 재십마처 회마 상대인구을기 체청체청

고운(古云) ~

『화엄경』의 게송이다. "삼세의 모든 부처님을 알고 싶거든, 법의 성품을

살펴보아라. 모든 것이 오직 이 마음이 짓는 것이니라(若人欲了知 三世 一切佛 應觀法界性 一切唯心造)."

2
정식(情識)

육정(六情)과 육식(六識). 즉 망정망식(妄情妄識)을 말함. 육정은 육근(六根)의 다른 이름.

3
무생법(無生法)

무생멸(無生滅)의 법. 모든 법의 참모습은 생기거나 없어지지 않는 상주불멸(常住不滅)임을 말함.

4
밀어(密語)

① 비밀한 뜻으로 하는 방편의 말. ② 비밀한 말. 다라니를 말한다.

5
밀장(密藏)

비밀장(秘密藏)이니 즉 여래장(如來藏)을 말한다. 미계(迷界)에 있는 진여(眞如)는 숨겨져 있을지언정 없어진 것은 아니므로 밀장(密藏)이라 한다.

6
상대인구을기(上大人丘乙己)

중국 사람들은 어린 아이를 안고 어루면서 "상대인구을기(上大人丘乙己) 화삼천칠십이자(化三千七十二子) 이소아이삼세(爾小兒二三歲) 가작인가작례(可作仁可作禮)."라 외어주곤 한다. 상대인(上大人)은 공자를 말하며, 구(丘)는 공자의 이름, 을(乙)은 일(一)자와 같고, 기(己)는 몸(身)이니 "상대인 공자는 한 몸으로 삼천 제자를 교화하여 그 가운데 육예(六藝)를 통달한 수제자가 72명이나 되었다. 우리 어린 아기도 두세 살이지만 그와 같이 인(仁)·의(義)·예(禮)·지(智)를 잘 알아야 하느니라." 하는 뜻이다. 우리의 아이를 안고 "둥기둥기!" 하면서 어루는 것과 같은 것.

卽說呪曰

즉설주왈

거듭 네 번이나 '아제'를 말하는 것은 이 심경心經을 지녀 가지는 사람을 옹호하며 그 곁을 떠나지 아니함을 말한다.

      네 번의 '아제'는 순서대로 생각하든 거꾸로 생각하든 세간의 일체 구하는 바가 따라서 이루어지지 않는 것이 없게 된다.

      알겠는가?

      비 지나면 이끼는 윤기가 흐르고
      봄이 오면 들풀은 저절로 돋아나네.

重擧四揭諦 擁護持經人 不離其側. 四揭諦 順念逆念 世間一切所求 無
중거사아제 옹호지경인 불리기측 사아제 순념역념 세간일체소구 무

不果遂. 會麼. 雨過莓苔潤 春來草自生.
불과수 회마 우과매태윤 춘래초자생

중거사아제(重擧四揭諦)

'반야바라밀다주'의 '아제 아제 바라아제 바라승아제 모제 사바하'가 운데 네 번 거듭되는 '아제'를 말함. 이 반야바라밀다주는 반야심경 전체의 뜻이 함축하고 있어서 옛부터 이를 번역하지 않고 범음(梵音)대로 읽는 것을 원칙으로 한다. 이런 진언(眞言)을 뜻으로 번역을 하면 원래의 뜻이 감소할 뿐 아니라 그 공덕도 줄어든다고 한다. '아제 아제 바라아제 바라승아제 모제 사바하'는 범어(梵語)로는 gate gate pāra-gate pāra-saṃ-gate bodhi svāhā이다. 아제(gate)는 '가다'의 뜻, 바라아제(pāragate)의 바라(pāra)는 저쪽 언덕 즉 피안(彼岸)을 뜻하며, 바라승아제(pārasaṃgate)의 승(saṃ)은 모두, 완전, 대중의 뜻이며, 모제(bodhi)는 깨달음(覺)의 뜻이며(반야심경에서는 '보리' 또는 '보데'라고 발음하지 않고 보통 습관적으로 '모제'라고 읽어왔다.), 사바하(svāhā)는 원만(圓滿), 성취(成就)의 뜻이라 한다. 대강의 뜻은 염원하는 미래형의 의지격(意志格)으로 보면, '가세! 가세! 저 언덕으로 가세! 저 언덕으로 온전히 건너가 깨달음 원만히 이루어지이다'로 풀이할 수 있고, 찬탄하는 과거형의 호격(呼格)으로 보면, '가신 이여! 가신 이여! 저 언덕으로 가신 이여! 저 언덕으로 온전히 가신 이여! 깨달음 원만하여라!'로 풀이할 수 있다. 반야바라밀다주 전체의 뜻은 '모든 법의 참모습[實相]을 바로 깨달아 저 파라다이스의 세계로 모두 나아가자.' '오온이 모두 공한 줄 깨달아 일체 고액을 건너자.'는 지극한 염원과 찬탄 등이 함축된 말이다.

揭諦揭諦

아
제
아
제

자기를 돌이켜 살펴보아 몰록 공하게 되고 공한 가운데서 다시 공하여 공마저도 보지 않게 되면 온갖 인연이 단박에 쉬어져서 과거에 지은 모든 선악과 허깨비나 그림자 같은 오온이 말끔히 사라지고 갖가지 번뇌 망상이 한꺼번에 없어지게 되니, 태허 속에는 털끝 하나라도 걸리지 않으리라.

처음의 '아제'는 주관인 내가 공한 것人空이요, 또다시 '아제'라 한 것은 객관인 모든 경계가 공한 것法空이니, 나와 모든 경계가 모두 공하고 두 가지가 공한 그것마저도 없는 까닭에 '아제 아제'라고 한 것이다.

알겠는가?

거울 들고 애써가며 비춰보지 않더라도

날이 새면 모든 것이 저절로 분명하리.

反觀自己 頓空 空中更空 不見有空 萬緣頓息 過去所作 一切善惡 幻
반관자기 돈공 공중갱공 불견유공 만연돈식 과거소작 일체선악 환

化五蘊 蕩然淨盡 塵勞妄念 一時頓除 太虛之中 絲毫不掛. 揭諦者 人
화오온 탕연정진 진로망념 일시돈제 태허지중 사호불괘 아제자 인

空 又揭諦者 法空 人法俱空 二空全忘 故曰揭諦揭諦. 會麽. 不勞懸石
공 우아제자 법공 인법구공 이공전망 고왈아제아제 회마 불로현석

鏡 天曉自分明.
경 천효자분명

波羅揭諦
바라아제

공하여도 공한 바 없는 곳에 이르면 나고 죽음을 영원히 끊고 다 함께 저 언덕에 오르게 되어 영원히 생사를 받지 않게 되니, 그래서 '바라아제'라 한다. 알겠는가?

둥근 달이 산마루에 떠오르더니
맞은편 산을 향해 건너가누나.

到空無所空 生死永斷 同到彼岸 永不受生 故曰波羅揭諦. 會麼. 月上
도공무소공 생사영단 동도피안 영불수생 고왈바라아제   회마 월상

中峰頂 還應過別山.
중봉정 환응과별산

波羅僧揭諦

바라승아제

'바라승아제'는 모든 부처님의 청정한 경계이다. 오욕의 번뇌가 물들여 더럽히지 못하니 마구니의 세계에 뒤섞여 어울리고 이류異類의 속으로도 들어가며 용과 뱀이 서로 섞이고 범부와 성인이 함께 살면서 사리를 거슬러서 행동하기도 하고 사리를 따라 행동하기도 하므로 성현들도 그것을 측량할 수 없는 것이다.

본래의 근원으로 되돌아가서 근본의 뜻을 얻으니, 그래서 '바라승아제'라 한 것이다.

알겠는가?

진흙소가 싸우면서 바다 속에 들어간 뒤

아직까지 그 자취가 보이지 않는구나.

此是諸佛 淸淨境界 五欲塵勞 染汚不得 混融魔界 異類中行 龍蛇混雜
차시제불 청정경계 오욕진로 염오부득 혼융마계 이류중행 용사혼잡

凡聖同居 逆行順行 聖賢莫測. 反本還源 歸根得旨 故曰波羅僧揭諦.
범성동거 역행순행 성현막측 반본환원 귀근득지 고왈바라승아제

會麽. 自從泥牛鬪入海 直至如今不見蹤.
회마 자종니우투입해 직지여금불견종

이류중행(異類中行)

① 사장(師匠)이 자유로운 임기응변의 수단이 있어서 중생을 제도하기 위하여 갖가지 형상을 나타내는 것. 나귀나 소의 몸을 얻어 설법하는 것 등. ② 이(異)는 차별, 유(類)는 동류. 차별과 평등에 즉(卽)하지도 않고 등지지도 않는 중도(中道)의 자유로운 활기(活機)를 말함.

반본환원(反本還源)

송광사 영인본에는 반본기원(反本其源)으로 되어 있으나, 其는 還의 오식(誤植)이다. (p.190 亦無老死盡 1번 注 참조)

菩提薩婆訶

모제사바하

모제菩提: 보리는 처음이요, 사바하薩婆訶는 마지막이다.

　　보리심菩提心을 내어서 용맹을 다하여 수행하며 밤낮으로 도를 위하여 두타행頭陀行으로 온갖 괴로움을 참고 견디면서 정진하여 점점 닦아 나아가 영원히 물러나지 않고 오래오래 부지런히 애쓰다가 홀연히 도를 깨달아 본성이 공空한 줄 요달하면 이것이 '모제菩提'요, 삼계三界를 뛰어나서 깨달아도 깨달은 바가 없고 얻어도 얻은 바가 없어서 말끔히 쓸어 없앤 듯 청정하면 극락極樂세계이며 그 좋은 것을 이루 말로 다할 수 없으니 그래서 '사바하薩婆訶'라 한다.

　　이 글을 여기까지 읽어보고 확연히 깨달으면 눈물을 흘리며 슬피 울게 되리니, 그것은 기쁨이 지극해지면 슬픔이 솟는 것이기 때문이다.

만일 능히 이렇게 되어 부처님의 은혜를 갚고자 한다면 이 책을 간행하여 널리 베풀어서 부처님의 혜명慧命을 잇도록 할지어다.

만약 깨닫지 못했다면 지음자知音者를 만나지 못한 것이니 한갓 수고로이 세한歲寒을 이야기했을 뿐이로다.

다시 마지막 한마디가 있으니, 이것은 감히 어떻게 전해 줄 수가 없다.
화咄!

원앙새 수繡를 놓아 보일 수야 있지만
금바늘은 그대에게 건네 줄 수 없구나.

菩提是初 薩婆訶是末. 發菩提心 勇猛修行 日夜爲道 行頭陀行 精進苦
모제시초 사바하시말 발보리심 용맹수행 일야위도 행두타행 정진고
行 漸漸修進 永無退轉 久守勤苦 忽然悟道 達本性空 卽是菩提. 超出三
행 점점수진 영무퇴전 구수근고 홀연오도 달본성공 즉시모제 초출삼
界 了無所了 得無所得 蕩然淸淨 極樂之所 善說無窮 故曰薩婆訶.
계 요무소료 득무소득 탕연청정 극락지소 선설무궁 고왈사바하
看讀至此 廓然頓悟 涕淚悲泣 喜極則悲. 若能如此 欲報佛恩 廣開印施
간독지차 확연돈오 체루비읍 희극즉비 약능여차 욕보불은 광개인시
續佛壽命. 若不惺悟 不遇知音者 徒勞話歲寒.
속불수명 약불성오 불우지음자 도로화세한
更有末後一句 未敢分付. 咄. 鴛鴦繡出從君看 不把金針度與人.
갱유말후일구 미감분부 화 원앙수출종군간 불파금침도여인

발보리심(發菩提心)
위로는 보리(깨달음)를 구하고 아래로는 중생을 교화하려는 크나큰 서원

(誓願)의 마음을 내는 것. 보리심은 네 가지 큰 서원[四弘誓願]이다. ① 끝없는 중생을 모두 다 건지리라. ② 다함없는 번뇌를 모두 다 끊으리라. ③ 한량없는 법문을 모두 다 배우리라. ④ 위 없는 불도를 모두 다 이루리라.

2
지음자(知音者)

자기의 마음을 잘 아는 사람, 의기가 서로 맞는 사람. 『열자(列子)』에 다음과 같은 고사(故事)가 있다. 백아(伯牙)가 거문고를 잘 탔는데 그의 벗 종자기(種子期)만이 그 소리를 듣고 백아의 심중을 잘 알았다. 뜻을 높은 산에 두고 타면, "높고 높은 것이 태산과 같구나!" 하고, 흘러가는 물을 생각하고 거문고를 타면 "흘러가는 것이 물과 같구나." 하였다. 뒤에 종자기가 죽으니 백아는 "거문고 소리를 이해하는 사람이 없는데 거문고를 타서 무슨 소용이 있으랴." 하고, 거문고 줄을 모두 끊고는 다시 손을 대지 않았다고 한다. 여기에서 지음자(知音者)라는 말이 유래했다.

3
도로화세한(徒勞話歲寒)

세한(歲寒)은 설 전후의 추운 겨울 날씨. 여기서는 이제껏 고상한 말을 하였으나 알아듣지 못하니 부질없이 헛된 말을 했다는 뜻.

4
화(囮)

① 할(喝)과 같음. ② 무엇을 잃었다가 찾았을 때 무의식 중에 나오는 소리. ③ 단체로 한꺼번에 지르는 소리. 여기서는 큰 소리로 할(喝)하는 것. 말로써 표현할 수 없는 경우에 학인의 어리석은 견해를 깨뜨리기 위해 큰 소리를 하는 것.

大顚和尙注心經 重刊 跋

대전화상주심경 중간 발

다음 부분은 영락(永樂) 신묘년(辛卯年: 1411년) 고창(高敞) 문수사(文殊寺)에서 중간(重刊)할 때의 발문(跋文)이다.

『화엄경』의 「보현행원품」과
금강경의 야보 도천冶父道川 선사의 주해와
반야심경의 대전 요통大顚了通 선사의 주해를
공선空禪이 판에다가 거듭 다시 새기어서
사사로운 인정에 얽매이지 아니하고

이것을 박아내어 온 세상에 퍼뜨리니
번개가 구르고 바람이 불어가듯
누구든지 외워서 말해 주고 써 가져서
세계의 모든 나라 저절로 평화롭고
위로는 한량없는 네 가지의 큰 은혜와
아래로는 삼계 속의 일체 모든 유정들이
나고 죽음 본래 없는 무생법을 얻게 되고
이 세상의 온갖 액난 모두 다 사라져서
산속의 잔나비는 휘파람을 높이 불고
들녘의 새들마저 노래하여지이다.

영락永樂 신묘년辛卯年 : 1411년 5월
고창현高敞縣에 있는 문수사文殊寺에 갈무려 두노라.

行願品 金剛般若川老解 般若心經大顚解. 空禪重刊 亦勿人情 印成流通
행원품 금강반야천로해 반야심경대전해 공선중간 역물인정 인성유통

電轉風行 誦說書持 六國自淸 四恩三有 無滅無生 四海不波 猿啼鳥鳴.
전전풍행 송설서지 육국자청 사은삼유 무멸무생 사해불파 원제조명

永樂辛卯朱夏藏高敞縣文殊寺
영락신묘주하장고창현문수사

찾아보기 ▶

ㄱ

가명(假名) 146
가섭(迦葉) 123, 249
간혜(乾慧) 204
간화하어(看話下語) 095
감인세계(堪忍世界) 116
개자겁(芥子劫) 048
갠지스(Ganges) 059
겁(劫) 048
겁파(劫波) 048
견성(見性) 030, 224
경(經) 070
경청(鏡清) 108
계빈국(罽賓國) 106
계수(稽首) 225
계차(契此) 131
고귀덕왕보살품(高貴德王菩薩品) 272
고독(蠱毒) 204
고제(苦諦) 195
공겁이전(空劫以前) 137
공공(空空) 128
공안(公案) 095, 138, 230
공자(孔子) 097, 280
관계(灌溪) 036
관세음(觀世音) 074
관음(觀音) 074
관자재(觀自在) 015, 074, 123, 184
관중생품(觀衆生品) 108
광영조려면(光影照驢面) 168
광장설상(廣長舌相) 040
교외별전(教外別傳) 212, 249
구규(九竅) 235
구마라습(鳩摩羅什) 107
구사론(具舍論) 042
구야니(瞿耶尼) 259
구치라(Kausthila) 206
궁겁(窮劫) 243
궁리진성(窮理盡性) 056
극락(極樂) 054
극미(極微) 034, 041
극유진(隙遊塵) 042
극칙(極則) 058
금강불괴신(金剛不壞身) 149
금모사자(金毛獅子) 162
금선(金仙) 230
금시인(今時人) 107
금진(金塵) 042
기연(機緣) 211

ㄴ

나가(那伽) 171
나가대정(那伽大定) 171
나락가(那落迦) 048, 070
낙(樂) 239
난생(卵生) 158
남대수안(南臺守安) 191
남섬부주(南贍部洲) 048, 236
남악(南岳) 200, 216
남염부제(南閻浮提) 236
남승(衲僧) 208
낭주산 예주수(郎州山澧州水) 208
노사(老死) 176
노자(老子) 085, 112, 219
노종두상래(老從頭上來) 090
논어(論語) 010, 097, 235
뇌관(牢關) 030
누(漏) 143
누진통(漏盡通) 049, 181

능엄경(楞嚴經) ········· 042, 224
니감소상(泥龕塑像) ········· 256
니리(泥犁) ········· 070

ㄷ

다라니(陀羅尼) ······ 064, 256, 261, 280
단덕(斷德) ········· 181
단멸(斷滅) ········· 243
단하자순(丹霞子淳) ········· 009, 230
단하천연(丹霞天然) ········· 277
달마(達磨) ········· 037
달찰나(怛刹那) ········· 075
대공(大空) ········· 128
대광명장(大光明藏) ········· 215
대룡(大龍) ········· 163
대사인연(大事因緣) ········· 195
대수법진(大隨法眞) ········· 276
대종사(大宗師) ········· 039
대천세계(大千世界) ········· 040, 274
대철저인(大徹底人) ········· 186
대총지(大總持) ········· 064
덕산(德山) ········· 037, 164, 250
도가저인(到家底人) ········· 186
도덕경(道德經) ········· 084, 112, 220
도락차(都落遮) ········· 106
도량(道場) ········· 228, 230
도오(道悟) ········· 065
도재와력(道在瓦礫) ········· 065
도제(道諦) ········· 195
돌(咄) ········· 077, 081
동산 수초(洞山守初) ········· 269
동산 양개(洞山良介) ····· 009, 075, 091, 098
두상광음(頭上光陰) ········· 090
두타고행(頭陀苦行) ········· 190

등각(等覺) ········· 101, 146
등정각(等正覺) ········· 146

ㄹ

람박(臘縛) ········· 075

ㅁ

마계(魔界) ········· 181
마궁(魔宮) ········· 262
마목다(摩目多) ········· 106
마삼근(麻三斤) ········· 269
마승(馬勝) ········· 115
마조(馬祖) ········· 080, 115, 262
마하(摩訶) ········· 035, 039
만법유식(萬法唯識) ········· 215
만상지중독로신(萬象之中獨露身) ········· 109
만한(瞞頇) ········· 163
말후구(末後句) ········· 030
말후일착(末後一着) ········· 091
말대(末代) ········· 253
멸제(滅諦) ········· 195
명색(名色) ········· 175
모호율다(牟呼栗多) ········· 075
목주(睦州) ········· 041
묘각(妙覺) ········· 101, 146, 252
묘유(妙有) ········· 127
무간(無間) ········· 048
무구칭(無垢稱) ········· 138
무극(無極) ········· 097
무명(無明) ········· 015, 175, 234
무명(無名) ········· 219
무봉탑(無縫塔) ········· 187
무사지(無師智) ········· 212
무색계(無色界) ········· 050, 211

무생(無生)	049, 220	방등시(方等時)	028
무생법(無生法)	280	방등회중(方等會中)	258
무설인해어(無舌人解語)	087	방온(龐蘊)	067, 262
무소유공(無所有空)	128	방편(方便)	065
무수인능행권(無手人能行拳)	087	방편품(方便品)	107
무심도인(無心道人)	179, 182	백두동자(白頭童子)	230
무영수(無影樹)	186	백불회저인(百不會底人)	191
무위법(無爲法)	092, 195	백아(伯牙)	290
무위진인(無位眞人)	075	백운선장(白雲善藏)	230
무정(無情)	039	백장(百丈)	137, 171
문수(文殊)	140	범어(梵語)	035
문수사리(文殊舍利)	140	범지(梵志)	206
물외한인(物外閑人)	056	범천(梵天)	109, 236
미라굴(彌羅屈)	106	법계(法界)	038
미륵(彌勒)	273	법계성(法界性)	119
미륵하생(彌勒下生)	273	법공(法空)	137
미취(微聚)	042	법륜(法輪)	262
밀어(密語)	064, 280	법사공덕품(法師功德品)	040
밀장(密藏)	280	법성(法性)	119
		법신(法身)	120
ㅂ		법신덕(法身德)	181
바라(波羅)	055, 095	법신불(法身佛)	120
바라밀다(波羅蜜多)	055	법안(法眼)	220
바사론(婆娑論)	075	법안 문익(法眼文益)	051
바사사다(波斯舍多)	104	법왕신(法王身)	040
바수밀(波須密)	219	법화경(法華經)	040, 195, 249, 258, 277
반본환원(反本還源)	190, 287	법화·열반시(法華·涅槃時)	028
반야(般若)	047	베다(Veda)	035, 206
반야다라(般若多羅)	037, 071	벽지불(辟支佛)	2194, 211, 248
반야덕(般若德)	181	보공(寶公)	82, 120
반야바라밀(般若波羅蜜)	055	보리(菩提)	210
반야시(般若時)	028	보리심(菩提心)	289
반조(反照)	086	보봉유조(寶峰惟照)	008, 121
발보리심(發菩提心)	289	보살처태경(菩薩處胎經)	272

보시바라밀(布施波羅蜜)	055
보왕찰(寶王刹)	262
보임(保任)	222
보장론(寶藏論)	108
보지공(寶誌公)	82, 204, 206, 216
복지심령(福至心靈)	095
본래면공(本來面孔)	113
본래면목(本來面目)	075, 113, 137
본성공(本性空)	128
부동도량(不動道場)	230
북울단월(北鬱單越)	259
불가득공(不可得空)	128
불석겁(拂石劫)	048
불성(佛性)	051, 058
불안(佛眼)	221
불안 청원(佛眼淸遠)	137
불이법(不二法)	141
불지견(佛知見)	215
비구(比丘)	206
비마라힐(毘摩羅詰)	140
비밀장(秘密藏)	280
비유품(譬喩品)	113

ㅅ

사과(四果)	211
사구게(四句偈)	196, 255, 259
사다함(斯多含)	211
사대(四大)	056
사리불(舍利弗)	108, 115
사리자(舍利子)	108, 115, 143
사문(沙門)	039
사바(娑婆)	116
사백사병(四百四病)	235
사상(事相)	149

사성육범(四聖六凡)	124
사성제(四聖諦)	194
사익경(思益經)	215
사자 존자(師子尊者)	106
사전도(四顚倒)	239
사제(四諦)	194
사참회(事懺悔)	167
산동하북(山東河北)	156
산스크리트(Samskrta)	034
살타(薩埵)	210
삼계(三界)	050
삼계유심(三界唯心)	215
삼덕(三德)	181
삼독(三毒)	176
삼독심(三毒心)	050
삼매(三昧)	211
삼세(三世)	123, 243
삼세양중인과(三世兩重因果)	176
삼십방(三十棒)	141
삼십이상(三十二相)	162
삼악업(三惡業)	181
삼업(三業)	055
삼제(三際)	243
삼조(三祖)	167
삼천대천세계(三千大千世界)	040
삼현(三賢)	257
상(常)	239
상대인구을기(上大人丘乙己)	280
상법시대(像法時代)	253
상온(想蘊)	105
색계(色界)	050
색온(色蘊)	105
생(生)	176
서구야니(西瞿耶尼)	259

서래조사의(西來祖師意)	065	습득(拾得)	132
서역기(西域記)	267	습생(濕生)	158
서천(西天)	106, 113	승신주(勝身州)	259
석가(釋迦)	250	승조(僧肇)	107
석두(石頭)	080, 115	승찬(僧璨)	167
석상(石霜)	080, 240	시방(十方)	036
선성(善星)	205	식(識)	175
선자 덕성(船子德成)	065	식성(識性)	066
선정바라밀(禪定波羅蜜)	055	식온(識蘊)	106
선지식(善知識)	049	신라(新羅)	113
선회(善會)	065	신수(神秀)	221
설두(雪竇)	163	신통(神通)	049
설봉(雪峰)	037, 108, 127, 250	신족통(神足通)	049
성문(聲聞)	248	심공개급제(心空皆及第)	067
성수겁(星宿劫)	243	심광(心光)	265
성인무기(聖人無己)	234	심지(心地)	177, 261
세한(歲寒)	290	심지법문(心地法門)	261
소락(酥酪)	050	십성(十聖)	257
소승(小乘)	194	십이시(十二時)	083
소천세계(小千世界)	040	십이연기(十二緣起)	175
송운(宋雲)	038	십이인연(十二因緣)	175
수(受)	176	십주(十住)	257
수기(受記)	199, 249	십팔계(十八界)	072, 136
수능엄경(首楞嚴經)	081	십행(十行)	257
수다라(修多羅)	070	십회향(十廻向)	257
수다원(須陀洹)	211	쌍림선혜(雙林善慧)	081
수미(須彌)	041		
수보리(須菩提)	036		

ㅇ

수산주(修山主)	276	아(我)	239
수온(受蘊)	105	아나함(阿那含)	211
수자상(壽者相)	186	아난(阿難)	199
수증(修證)	171	아뇩다라삼먁삼보리(阿耨多羅三藐三菩提)	252
수진(水塵)	042	아라한(阿羅漢)	211
숙명통(宿命通)	049		

아미타(阿彌陀) …………………… 083	영산회상(靈山會上) …………… 249
아미타경(阿彌陀經) ……………… 076	오대(五臺) ……………………… 225
아상(我相) ………………………… 185	오도일이관지(吾道一以貫之) … 097
아비(阿鼻) ………………………… 048	오목(五目) ……………………… 220
아함시(阿含時) …………………… 028	오백제자수기품(五百弟子受記品) … 277
아뢰야식(阿賴耶識) ……………… 086	오시시화(五時施化) …………… 028
아제(揭諦) ………………………… 282	오온(五蘊) ……………………… 105
안계(眼界) ………………… 136, 170	오욕(五欲) ……………………… 234
앙산(仰山) ………………………… 086	오조 홍인(五祖弘忍) …………… 221
애(愛) ……………………………… 176	오종입제(五種立題) …………… 028
야마(Ya-ma) ……………………… 207	오천사십팔권(五千四十八卷) … 065
야미(Yami) ………………………… 207	완주음(玩珠吟) ………………… 277
약산 유엄(藥山惟儼) ……………… 115	왕유(王維) ……………………… 079
양구(良久) ………………………… 110	외도(外道) ……………………… 090
양모진(羊毛塵) …………………… 042	요사저인(了事底人) …………… 182
양무제(梁武帝) …………………… 038	요연(了然) ……………………… 036
어언삼매(語言三昧) ……………… 081	욕계(欲界) ……………………… 050
업(業) ……………………………… 090	욕식불거처(欲識不去處) ……… 081
업식(業識) ………………………… 234	용아거둔(龍牙居遁) … 091, 106, 257
여래(如來) ………………………… 124	우모진(牛毛塵) ………………… 042
여래선(如來禪) …………………… 086	운거 도응(雲居道膺) ……… 009, 070
여래장(如來藏) …………………… 280	운광(雲光) ……………………… 206
여여(如如) ………………………… 066	운문(雲門) ………………… 041, 127
여회(如會) ………………………… 208	운암(雲巖) ………………… 075, 098
연(緣) ……………………………… 175	울단월(鬱單越) ………………… 259
연각(緣覺) ………………… 211, 248	원각성(圓覺性) ………………… 239
연등불(然燈佛) …………………… 199	원돈법(圓頓法) ………………… 109
열반(涅槃) ………………………… 051	원돈지위(圓頓之位) …………… 101
열반경(涅槃經) …………… 149, 272	원상(圓相) ……………………… 037
열반정로(涅槃正路) ……………… 094	원자각(元字脚) ………………… 181
염라노자(閻羅老子) ……………… 207	원적(圓寂) ……………………… 051
염부(閻浮) ………………………… 236	위산(潙山) ………………… 086, 098
염화미소(拈花微笑) ……………… 249	유(有) …………………………… 176
영가(永嘉) ………… 120, 186, 276, 277	유마경(維摩經) …………… 107, 141

유마힐(維摩詰)	079, 140
유명(有名)	219
유위법(有爲法)	095
유일견밀신(唯一堅密身)	066
유정(有情)	039, 211
유타(維陀)	206
육근(六根)	056, 136, 175
육대조사(六代祖師)	124
육도만행(六道萬行)	190
육도사생(六道四生)	158
육바라밀(六波羅蜜)	055
육신통(六神通)	049, 181
육십이견(六十二見)	136
육안(肉眼)	220
육입(六入)	175
육정(六情)	175
육조(六祖)	221
윤회(輪廻)	056
윤희(尹喜)	112
은덕(恩德)	181
음계(陰界)	072
의양화묘아(依樣畫猫兒)	072
의초부목(依草附木)	048
이견(二見)	124, 205
이류중행(異類中行)	287
이사구 절백비(離四句絶百非)	239
이서침등(二鼠侵藤)	107
이성(理性)	148
이십공문(二十空門)	129
이십팔조(二十八祖)	123
이인편(里仁編)	097, 235
이조(二祖)	066
이참회(理懺悔)	167
이청(二聽)	221
인공(人空)	137
인법(人法)	191
인상(人相)	186
인아(人我)	186
인아견(人我見)	186
인욕바라밀(忍辱波羅蜜)	055
인토(忍土)	116
인허진(隣虛塵)	042
일광진(日光塵)	042
일대사인연(一大事因緣)	195, 249
일물(一物)	037
일사천하(一四天下)	040
일승법(一乘法)	216
일원상(一圓相)	037
일척안(一隻眼)	040
입불이법문품(入不二法門品)	141

ㅈ

자성(自性)	047
자성공(自性空)	128
자연지(自然智)	212
장경 혜릉(長慶慧陵)	109
장림산(杖林山)	267
장사 경잠(長沙景岑)	208
장수천인(長壽天人)	048
장엄겁(莊嚴劫)	243
장자(莊子)	039, 065
장정자(長汀子)	131
장조 범지(長爪梵志)	206
적멸(寂滅)	051, 195
적육단상(赤肉團上)	075
전도몽상(顚倒夢想)	234
정(淨)	239
정견(正見)	195

정나나적쇄쇄(淨棵棵赤灑灑) 106	지북유(知北遊) 065
정념(正念) 195	지식(知識) 049
정명(淨命) 140	지옥(地獄) 048
정명(正命) 195	지음자(知音者) 290
정명경(淨名經) 107, 141	지한(志閑) 036
정법시대(正法時代) 253	진겁(塵劫) 049
정법안장(正法眼藏) 249	진공(眞空) 127
정사유(正思惟) 195	진묵겁(塵墨劫) 258
정식(情識) 280	진사겁(塵沙劫) 236
정어(正語) 195	진언(眞言) 064
정업(正業) 195	진여(眞如) 065
정정(正定) 195	진주나복(鎭州蘿蔔) 243
정정진(正精進) 195	집제(集諦) 195
정진바라밀(精進波羅蜜) ... 055	
제석천(帝釋天) 207	**ㅊ**
제이견(第二見) 205	착어(著語) 095
조동종(曹洞宗) 099	찰(刹) 075
조론(肇論) 108	찰나(刹那) 075
조법사(肇法師) 107	찰착개착(捺著磕著) 066
조사(祖師) 064	참회(懺悔) 167
조사선(祖師禪) 086	천녀(天女) 108
조사의(祖師意) 065	천당(天堂) 186
조주(趙州) 177, 243	천신(天神) 109
종자기(種子期) 290	천안(天眼) 220
주(呪) 261	천안통(天眼通) 049
중생상(衆生相) 186	천의 의회(天衣義懷) 205
중천세계(中千世界) 040	천이통(天耳通) 049
증감겁(增減劫) 048	천제석(天帝釋) 207
증도가(證道歌) 146, 153, 177, 186, 276	천진불(天眞佛) 120
증상만(增上慢) 199	천태(天台) 200
증참(曾參) 097	청익(請益) 207
지계바라밀(持戒波羅蜜) ... 055	청정계(清淨界) 236
지덕(智德) 181	청주포삼(青州布衫) 244
지문 광조(智門光祚) 163	초암가(草菴歌) 081, 153, 276

촉(觸) 136, 175, 234
촉루(髑髏) 086
최승대경(最勝大經) 028
출신지로(出身之路) 199
취(取) 176
취미(翠微) 070, 176

ㅌ

타성일편(打成一片) 099
타심통(他心通) 049
태극(太極) 220
태미(太微) 220
태생(胎生) 158
태시(太始) 220
태초(太初) 220
태허(太虛) 058
토모진(兎毛塵) 042
토지(土地) 109
토지신(土地神) 109
투자(投子) 176

ㅍ

파순(波旬) 262
팔만사천(八萬四千) 059
팔만사천 충(八萬四千蟲) 235
팔십종호(八十種好) 162
팔정도(八正道) 195
패다라(Pattra) 257
평등(平等) 035
포대화상(布袋和尙) 129
풍간(豊干) 131
풍혈(風穴) 129, 267
피안(彼岸) 055
피부탈락진(皮膚脫落盡) 116

필경공(畢竟空) 128

ㅎ

하어(下語) 095
하불자문문(何不自聞聞) 081
학륵나(鶴勒那) 106
학인일권경(學人一卷經) 071
한산(寒山) 132
항하사(恒河沙) 059
해공제일(解空第一) 258
해탈(解脫) 239
해탈덕(解脫德) 181
행(行) 175
행온(行蘊) 106
향엄(香嚴) 086
현겁(賢劫) 243
현사(玄沙) 108, 127, 207
현장 삼장(玄奘三藏) 029
협산(夾山) 065
형극(荊棘) 109
혜가(慧可) 066, 124, 167
혜능(慧能) 124, 221
혜사(慧思) 216
혜안(慧眼) 220
홍각(弘覺) 109
홍수(洪壽) 253
화(圓) 290
화광동진(和光同塵) 149
화두(話頭) 095
화상(和尙) 106
화생(化生) 158
화성유품(化城喩品) 258
화약란(花藥欄) 162
화엄경(華嚴經) 008, 028, 279

화엄시(華嚴時) 028
환인(桓因) 207
환화(幻化) 120
황권적축(黃卷赤軸) 257
회양(懷讓) 153

禪에서 본 般若心經
선에서 본 반야심경

大顚和尙注心經
대전화상주심경

2008년 10월 7일 개정판 1쇄 발행
2025년 2월 21일 개정판 13쇄 발행

지은이 대전요통 • 역주 현봉
발행인 박상근(至弘) • 편집인 류지호 • 편집이사 양동민
편집 김재호, 양민호, 김소영, 최호승, 정유리 • 디자인 나비 • 제작 김명환
마케팅 김대현, 김대우, 이선호, 류지수 • 관리 윤정안 • 콘텐츠국 유권준, 김희준
펴낸 곳 불광출판사 (03169) 서울시 종로구 사직로10길 17 인왕빌딩 301호
대표전화 02) 420-3200 편집부 02) 420-3300 팩시밀리 02) 420-3400
출판등록 제300-2009-130호(1979. 10. 10.)

ISBN 978-89-7479-168-1 (03220)

값 17,000원

잘못된 책은 구입하신 서점에서 바꾸어 드립니다.
독자의 의견을 기다립니다. www.bulkwang.co.kr
불광출판사는 (주)불광미디어의 단행본 브랜드입니다.